E. GOMEZ CARRILLO

LE MYSTÈRE DE LA VIE
ET DE LA MORT

DE

MATA HARI

Eugène FASQUELLE
ÉDITEUR

LE MYSTÈRE

DE LA VIE ET DE LA MORT

DE

MATA HARI

DU MÊME AUTEUR

La Grèce éternelle, traduit par Ch. Barthez (Perrin).

Terres lointaines, traduit par Ch. Barthez (Garnier).

Fleurs de pénitence, traduit par Ch. Barthez (Garnier).

Psychologie de la Mode, traduit par Ch. Barthez (Garnier).

L'âme japonaise, traduit par Ch. Barthez (Sansot).

Pèlerinage passionné, traduit par A. Clorget (Michaud).

Parmi les Ruines : de la Marne au Grand-Couronné, traduit par J.-N. Champeaux (Berger-Levrault).

Le Sourire sous la Mitraille, traduit par Gabriel Ledos (Berger-Levrault).

Langueurs d'Alger, traduit par Ch. Barthez (Sansot).

Les Ames qui chantent (Sansot).

Le Sourire du Sphinx, traduit par Jacques Chaumié (Fasquelle).

L'Évangile de l'Amour, traduit par Jacques Chaumié (Fasquelle).

IL A ÉTÉ TIRÉ DE CET OUVRAGE

10 exemplaires numérotés sur papier de Hollande.

LE MYSTÈRE

DE LA VIE ET DE LA MORT

DE

MATA HARI

Traduit de l'espagnol par CH. BARTHEZ

PARIS

LIBRAIRIE CHARPENTIER ET FASQUELLE

EUGÈNE FASQUELLE, ÉDITEUR

11, RUE DE GRENELLE, 11

1925

A MALVY,

qui ne l'a pas connue
et qui a souffert à cause d'elle.

*Avec ma grande amitié des bons
comme des mauvais jours.*

E. G. C.

Paris, le 15 juillet 1925.

I

SES PREMIERS PAS

Le premier qui parla des Mémoires de Mata
Hari — encore que, d'une façon plutôt vague, et
sans indiquer seulement l'année de leur paru-
tion —, ce fut le Dr Raeymaeckers. Ensuite,
Louis Dumur écrivit en une note de son roman
Les Défaitistes : « Sur les origines de la danseuse,
on peut consulter ses *Mémoires*, publiés à Amsterdam en 1906, et qui méritent certaine confiance quoiqu'ayant été traités de tissu de men-
songes dans une brochure anonyme, parue vers
la même époque et attribuée à son ex-mari. »
Jusqu'à ces derniers temps, cependant, personne
ne semblait avoir connu ce livre, rare comme un
incunable, autrement que par les extraits dont
la presse hollandaise régala la curiosité universelle en 1917, à l'occasion du procès. Mais, tout
dernièrement l'érudit bibliophile Léo Faust
découvrit dans un tas de bouquins qu'il n'avait

pas eu jusqu'alors le loisir de classer, un tome
fort bien imprimé portant ce titre :

MATA HARI,
Mevr. M. G. Mac Leod Zelle.
En Mijne Grieven tegen haar Vroegeren Echtgenoot.
Met portretten, documenten, fac-similés en
biglaglen
door A. Zelle, czn
C. L. G. Veldt, Amsterdam.

Ce qui, traduit en français, signifie : « Mata
Hari, Madame G. M. Mac Leod Zelle. Histoire
de la vie de ma fille, et mes plaintes contre son
ex-mari, avec portraits, documents, fac-similés
et suppléments, par A. Zelle, czn, — C. L. G.
Veldt, Amsterdam. »

Heureusement pour les historiens, ce titre
n'est pas tout à fait exact. Le père de la ballerine n'est pas l'auteur de ces Mémoires, quoi
qu'il semble vouloir dire. Il en est tout au plus
l'éditeur et le commentateur. Du reste, il con-
fesse dans une note préliminaire : « Ma fille a
écrit entièrement les premiers chapitres de cet
ouvrage. Les derniers, le temps lui manquant
de les mettre, elle-même, au point, elle me les
envoya d'Amérique avec prière de les terminer. »
Telles quelles, les pages authentiques, pré-

sentent à mon avis un intérêt de sincérité, d'orgueil, de fraîcheur dont les discours paternels sont totalement dépourvus. Notez, je vous prie, que je connais l'ouvrage uniquement par une traduction fort abrégée, scrupuleuse, sans doute, mais qui manque des détails constituant le charme véritable des confidences de ce genre.

« J'avoue » — dit l'autoresse en commençant d'écrire à bord du paquebot qui l'emporte vers New-York, en quête de fortune et d'aventures — « J'avoue que je ne suis pas née à Java. Je vis le jour à Leeuwarden le 7 août 1876. Mon père était un commerçant, très connu, de la Frise ; ma mère, une grande dame aussi belle que riche ». Puis, s'attendrissant, elle évoque les souvenirs de son enfance, dans le château de Cammingha-State et se délecte à nous parler gentiment de ses blondes petites amies, parmi lesquelles la préférée semble avoir été une délicieuse poupée aux yeux de porcelaine de Delft, aux lèvres gourmandes de baisers, nommée Marie Star Busman. Cette existence paradisiaque est tout à coup interrompue par la main brutale du sort qui en 1890, prive la fillette de son « adorée petite maman ». L'honorable veuf Zelle ne peut songer à éduquer évangéliquement, lui-même, sa fille. Il l'envoie donc dans un couvent modèle, afin qu'en attendant l'âge du mariage, elle reçoive une éducation digne de sa fortune et de son rang.

Quatre ans plus tard, pendant les vacances, la jeune fille fait la rencontre de son futur mari. Ce n'est plus tout à fait un jeune homme; mais il porte l'uniforme de capitaine avec une telle désinvolture, avec une telle élégance, qu'il fait tourner — sinon perdre — la tête aux jeunes Hollandaises qui le voient passer dans les rues de La Haye. Mata, ou pour mieux dire : Marguerite Gertrude, l'aperçoit et l'aime. « Son âge même » — dit-elle — « me le rendit plus adorable encore. » Et le 30 mars 1895, le mariage a lieu à Amsterdam. Les nouveaux époux, après un copieux repas auquel prirent part les journalistes les plus distingués de la métropole néerlandaise, courent passer la lune de miel dans un discret chalet de Wiesbaden...

Ainsi termine le chapitre I, le seul de tout l'ouvrage où il n'y ait guère que joie et sourires. Le second, qui commence dans un de ces intérieurs de pénombre où les peintres de l'école de Rembrandt se complaisent à grouper leurs personnages, pourrait s'intituler : « L'apprentissage de la douleur ». Tout, en effet, semble conspirer pour faire souffrir la pauvre enfant qui a mis sa

fortune, ses illusions et sa beauté à la merci
d'un homme sans cœur. Tante Frida, veuve
du notaire Wolsing de Loopersun, et sœur du
capitaine Mac Leod, est la véritable maîtresse
dans la maison où le couple s'est installé
à son retour de Wiesbaden. Et elle est si insup-
portable, tante Frida, en son travers de se mêler
de tout et de tout critiquer, qu'au bout de quelques mois, Marguerite Zelle et son mari se
décident à louer un appartement pour eux
seuls, dans un des quartiers les plus neufs
d'Amsterdam. Alors, mais comme un éclair, le
bonheur illumine à nouveau ce foyer. Le mari
présente sa femme à la Cour où fait sensation
l'étrange beauté de cette Frisonne qui, par un
inexplicable mystère, a un visage d'Hindoue. Ses
yeux de feu qui, au témoignage de tous ceux qui
les connurent, conservèrent jusqu'à la fin de sa
vie un magnétique pouvoir de fasciner les
hommes, devinrent bientôt célèbres parmi
l'aristocratie. Mata Hari se souvient avec joie,
avec orgueil, du jour où elle eut l'honneur de
s'incliner devant Leurs Majestés. Puis, sans
grande tendresse, elle parle de la naissance de
son fils Norman, qui vint au monde en 1895
et qui mourut trois ans plus tard, empoisonné
par une servante javanaise... Hélas ! cette

maternité, sur quoi elle avait compté pour rendre plus étroit, plus doux, plus tendre, le lien conjugal, ne sert qu'à le desserrer davantage et à éloigner complètement le capitaine du chemin du devoir. Hors de chez lui toujours, toujours en compagnie de libertins et de gourgandines, toujours prêt à jouer ce qu'il possède. voire ce qu'il ne possède pas, cet homme finit par se ruiner et par ruiner sa femme. A ce point douloureux de ses confessions, la ballerine, en un sursaut de fierté, se révolte contre les humiliations subies et rappelle qu'elle est née non seulement riche, mais noble aussi, et que son mari n'a pas contracté, en l'épousant, une mésalliance. « Ma grand'mère », — dit elle — « était la baronne Margheretha Winjbergen. » Il est vrai que le capitaine Mac Leod, de noble origine également, est neveu d'amiral et que sa famille remonte à la plus glorieuse époque de l'histoire d'Écosse. Mais, tout de même, ni cela, ni rien, ne lui donne le droit de traiter une riche héritière de bonne maison comme une servante. Et encore! Une servante, si humble soit-elle, on ne l'envoie pas chez des amis emprunter de l'argent en lui ordonnant de faire, si besoin est, pour l'obtenir, litière de toute pudeur... Et Mata Hari cite certain M. Calisch, grand admirateur

de ses yeux, chez qui elle dut aller pour lui
« soutirer » certaine somme destinée à son mari.
« Mais... » — ajoute-t-elle — « j'obtins quelques
billets de mille, sans avoir à être infidèle. »

Après cette finale douloureuse du chapitre
second, nous nous trouvons tout d'un coup à
Java. Le capitaine y commande un bataillon de
réserve et la future étoile des music-halls européens met au monde sa fille Jeanne-Louise.

Le chapitre IV relate la tragédie de la mort
du petit Norman. Cette histoire, ceux qui ont
créé la légende d'une femme fatale et sanguinaire, espionnant pour le seul plaisir de contribuer à des hécatombes, la racontent à leur
façon en l'ornant d'un épilogue romantique.
Selon eux, quand Marguerite-Gertrude apprit,
grâce aux révélations d'un sorcier, que son
enfant avait été empoisonné par une de ses
servantes indigènes, elle se hâta de se faire
justice sans recourir aux tribunaux, en étran-
glant de ses propres mains l'empoisonneuse.
Dans ses Mémoires, on lit cependant que la
malheureuse mère n'apprit la cause véritable
de la soudaine maladie qui enleva si vite son
Norman que lorsque la servante qui avait admi-
nistré le toxique, confessa son crime, sur son
lit de mort, dans un hôpital.

Après cette tragédie, les époux Mac Leod s'en vont habiter Benjoe-Biroe, près de Semarang. Là, ce n'est plus elle qui est jalouse, c'est lui ; mais, elle nous l'assure du moins, cette jalousie est infondée, et elle prétend le démontrer en soulignant que plus tard, au cours de son procès en divorce, on ne peut rien alléguer contre sa conduite d'alors.

Au chapitre V, la vie devient chaque jour plus odieuse à cette femme qui se trouve loin de sa patrie, sans appui, presque sans relations, entièrement livrée aux caprices brutaux d'un homme immoral et sans cœur. « C'est à Benjoe-Biroe, écrit-elle avec une sécheresse où se devine la rage de son cœur humilié et ulcéré, que mon mari me cravacha pour la première fois. » Dans les lettres qu'à partir de ce jour elle écrit à son père, les plaintes à propos de mauvais traitements deviennent si fréquentes et si graves, que M. Zelle ne peut plus se contenir et adresse une plainte formelle contre son gendre à la justice de Java. En même temps, il conseille à sa chère Marguerite de tâcher à avoir des témoins des coups qu'elle reçoit afin de pouvoir demander le divorce. Au lieu de se calmer, le noble militaire s'emporte en apprenant ce qui se trame contre lui : ce n'est plus de sa cravache qu'il menace sa femme, mais de son revolver ; et dans une lettre, datée du 3 août 1901, la pauvre épouse narre une scène au cours de laquelle son sauvage tyran, après lui avoir craché au visage, après l'avoir traînée par les cheveux, tint un long moment son revolver armé braqué sur elle. Ici, elle ne cache pas le motif de la scène : son bourreau, épris d'une autre femme, veut recouvrer sa liberté coûte que coûte, voire au prix d'un assassinat. « Lui-même me l'a avoué, ajoute-t-elle, en m'avertissant que si nous ne divorcions pas au plus tôt, il me fera crever. » Vers la même époque, sa fillette contracte une horrible maladie de la peau qui lui couvre de taches tout le corps. Les Hollandais de la colonie apprennent enfin ce qui se passe dans le foyer de l'officier, et ne cachent pas à celui-ci le mépris qu'il mérite. L'existence devient impossible pour le ménage dans un milieu aussi étroit, où tout le monde se connaît. Mac Leod, passé dans le cadre de réserve, décide de retourner à Amsterdam.

Le chapitre VI nous conduit aux portes du Palais de Justice de cette ville, où est engagé le procès en divorce à la requête de l'épouse. Nous sommes aux derniers jours de 1901. Se haïssant, les étranges conjoints continuent de cohabiter, et s'installent même derechef chez la bourgeoise et détestable tante Frida. Mais, au bout de quelques semaines, les scandales que provoquent les soûleries incessantes du mari, les obligent à chercher un refuge plus discret dans Van Breestraat, n° 188. « Les coups pleuvent ! », dit un de ses biographes, résumant en une phrase lapidaire les confidences de la ballerine. Puis il ajoute : « Le 26 août 1902 Mac Leod sort, soi-disant pour mettre une lettre à la poste, et emmène leur fille malade. Il ne rentre plus... Mata Hari, folle d'angoisse et de pressentiments, à bout de ressources, ne sachant où chercher son enfant, sans argent d'ailleurs, vend quelques effets à un brocanteur et s'en va chez sa tante, la baronne Sweerts de Landes, épouse du banquier Gœdvriend, à Arnhem. Par l'intermédiaire du procureur Mᵉ Eduard Philips, une demande de divorce est déposée à Amsterdam (27 août). Le livre contient la copie de cette requête, ainsi que copie du jugement (30 août 1902), autorisant Mata Hari à aller habiter avec sa fille chez sa tante à Arnhem, sans être tenue d'y recevoir son mari, condamnant le mari à payer une pension de 100 florins par mois et autorisant la femme à présenter une demande en divorce. Pas une seule fois, Mac-Leod (qui a installé tout de suite une jeune femme chez lui dans la Van Breestraat) n'a payé les 100 florins. »

Au chapitre VII, nous notons que Mac Leod, quoique ivrogne invétéré et à demi fou, connaît à fond la mentalité hypocrite et pharisaïque de ses concitoyens. Payant d'audace, en effet, il fait paraître dans les journaux un avis aux commerçants qu'il ne paiera pas les dettes de sa femme qui a quitté de son plein gré le domicile conjugal. Aussitôt, les dames puritaines du quartier ferment leur porte à la malheureuse Marguerite. Et le pis est que sa propre tante, la vertueuse baronne de Landes, la prie de quitter la maison. Le 10 décembre 1902, l'héritière du riche négociant Zelle se trouve dans la rue sans vêtements, avec sa fille et, pour tout pécule, la somme de trois florins et demi.

Que fait, pendant ce temps, le père de la future étoile? Jusqu'à présent, nous ne l'avons vu donner signe de vie en aucun des moments où son intervention eût pu paraître providentielle. Mais, tout à coup, nous retrouvons l'abandonnée dans la maison paternelle, à La Haye, et nous l'y retrouvons se préparant à danser au théâtre. « Grâce aux conseils et à l'aide pécuniaire de M. Zelle, dit Léo Faust, Mata Hari débute à Paris, en 1903. »

II

SES PREMIERS TRIOMPHES

Ainsi donc, comme nous venons de le voir par le témoignage authentique des *Mémoires*, vers la fin d'octobre 1903 la malheureuse épouse du major Mac Leod, la pauvre héritière de monsieur Zelle cesse d'être la triste Marguerite-Gertrude humiliée, tyrannisée, cravachée, pour se transformer en l'étrange Mata Hari appelée à enthousiasmer le monde par ses danses exotiques avant de l'émouvoir par la tragédie de sa mort et de le préoccuper par les arcanes de sa légende.

Le chapitre VII des *Mémoires*, dans l'adaptation de Léo Faust, s'intitule : *Intrigues*. Il pourrait aussi bien s'intituler : *La Grande vie*. Mais, sans doute parce que ces notes, écrites par la danseuse elle même, sont destinées à un père plutôt qu'au public, cette grande vie y apparaît bien correcte, très discrète, fort chaste.

S'il y a dans son âme, comme il est tout naturel

qu'il y ait alors quelque chose de l'ivresse des premiers triomphes en pleine indépendance, loin de la cravache conjugale, loin des blessants dédains des familles de fonctionnaires hollandais, on ne le remarque point dans ses souvenirs parisiens. Ses seules préoccupations semblent être son avenir et son mari dont l'ombre continue à se projeter fatidiquement sur son existence. Partout, elle croit le voir surgir à chaque instant pour proclamer et revendiquer ses droits, car le divorce demandé par elle n'a pas été encore accordé par la justice d'Amsterdam. Les juges puritains, religieusement respectueux de la discipline sociale, estiment sans doute qu'un noble chef de troupes coloniales a parfaitement le droit de traiter sa femme de la même façon que son cheval. Quand ce sera l'honorable Mac Leod qui sollicitera, enfin, la rupture, les magistrats s'empresseront de la prononcer; mais cela n'aura lieu que trois ans plus tard. En attendant, le digne époux, quand il apprend que sa misérable moitié se consacre à la danse dans la Babylone moderne, lui écrit une lettre dans laquelle il la menace de la faire enfermer dans un couvent, ni plus ni moins que si l'on en était encore au temps de Louis XVI. Une Parisienne eût fait des gorges chaudes d'un

aussi anachronique message ; l'ingénue Néerlandaise, elle, s'effraie, s'afflige, pleure, demande
télégraphiquement conseil, et finit par regagner
son pays pour s'y cloîtrer dans l'austère maison
de siens parents qui habitent Nimègue.

Avec une froide résignation, elle écrit en jan-
vier 1904 : « Me voilà donc condamnée à rester
ici... ». Ici, c'est la pénombre provinciale du
foyer humide et gris, dans laquelle les casseroles
de cuivre ont seules le droit de briller quand le
pâle soleil les caresse. Ici, c'est la rue muette,
la rue grave, la rue hostile, où un bruit de pas
inconnu fait paraître aux fenêtres, derrière les
rideaux de dentelles, les duègnes inquiètes. Ici,
c'est un jardinet de tulipes, frissonnant aux
souffles de l'hiver. Ici, c'est le brouillard, le doux
brouillard qui enveloppe tout comme d'un voile,
qui tamise les sons, qui assourdit jusqu'aux
notes argentines du carillon municipal. Ici, c'est
l'incessante surveillance des matrones et des
commères qui ont entendu parler vaguement
du scandale de la fuite à Paris et des danses dans
les théâtres. Ici, en somme, c'est la honte et la
nostalgie...

La nostalgie surtout ; car il lui a suffi de
connaître la joie parisienne pour comprendre
que c'est dans la souriante, l'hospitalière Lutèce

que se trouvent la vie, la passion, la gloire, l'espérance, la liberté, le bonheur... « J'y triompherai, tôt ou tard ! » — pense-t-elle ; mais les parents qui l'hébergent et qui éprouvent pour la vie des artistes en général et des artistes parisiens en particulier une haine et un mépris infinis, la guettent jusque dans son sommeil pour l'empêcher de rêver à un retour dans cette capitale du péché qu'ils appellent en leur furie de vieux lecteurs de la Bible, la Sodome et la Gomorrhe du monde moderne. Je me figure la jolie et triste recluse telle qu'elle doit avoir été en ces moments, après le long calvaire de son mariage, quand, l'âme subitement ouverte aux horizons de l'art et de l'amour, elle ne songe qu'à recouvrer son indépendance absolue pour retourner en France. Son intelligence lucide lui a permis de comprendre qu'hors de Hollande sa beauté exotique fera bientôt d'elle une idole aux pieds de laquelle des légions d'adorateurs chanteront des hymnes de fervent désir. Un portrait fameux, qui la représente à l'apogée de son existence, prouve que ceux qui parlent de son *incomparable beauté*, n'exagèrent point. « Grande, » — écrit un romancier, la décrivant d'après cette toile — « svelte, elle dresse sur son cou merveilleux, flexible et ambrin, un visage

fascinateur, à l'ovale parfait, et dont l'expression
sibylline et tentatrice frappe. La bouche, vigou-
reusement dessinée, trace une ligne mobile,
dédaigneuse, très charnue, sous le nez droit et
fin dont les ailes palpitent au-dessus des deux
fossettes d'ombre des commissures des lèvres.
Les magnifiques yeux, veloutés et sombres, sont
entourés de longs cils recourbés, et ont, légère-
ment bridés, quelque chose d'hindou. Leur
regard est énigmatique ; il se perd dans le vide.
Les cheveux très noirs, partagés en deux ban-
deaux, font au visage un cadre de ténébreuses
ondulations. L'ensemble est voluptueux, troublant, plein de séductions inattendues, d'une
beauté magique, d'une étonnante pureté de ligne.»
Cette beauté si peu européenne, si rare, appelée à
subjuguer plus tard l'univers, les bons Hollandais
ne la remarquent pas, ne la sentent ni ne la
comprennent. Pour eux, habitués aux vulgaires
luxuriances blondes des plantureuses maritornes
qui, dans les tableaux de Terburg, sourient en
étalant leur décolleté devant les buveurs impas-
sibles, le galbe délicat de la fantasque Marguerite-Gertrude tient plus de la caricature
que de l'art. Ses amis de Paris, par contre,
quoiqu'ils aient à peine eu le temps d'admirer
ses charmes, ne cessent de songer à elle et de

lui demander quand elle pense revenir les délecter de ses danses.

« Oui, quand?... » — se demande-t-elle aussi, — « Quand, donc?... ». Et telle est sa tristesse dans la sépulcrale Nimègue que, malgré les lettres dans lesquelles son mari lui répète chaque semaine que, si elle retourne prostituer « son nom d'honnête homme sur les scènes des théâtres, il la fera enfermer pour le reste de ses jours », elle s'échappe de nouveau, au printemps de 1905, et, peu après sa deuxième arrivée à Paris, débute, non plus devant un public profane, mais dans le temple même des religions orientales, au Musée Guimet, devant le sourire énigmatique d'un grand Bouddah en or. Et il faut lire dans les journaux du lendedemain le compte rendu de cette cérémonie ! Quelle grandiloquence, Seigneur!... Quel enthousiasme chez les orientalistes, à la soudaine révélation de ces rites inconnus !... C'est que Mata Hari, cédant à une sorte d'autosuggestion, s'est fait passer pour une danseuse sacrée de l'Inde... Au milieu des reliques par les savants entassées dans le palais de Krishna, enveloppée d'un voile diaphane couleur de safran, elle célèbre, se rappelant peut-être ce qu'elle a vu à Java, réalisant ce qu'elle a rêvé dans la solitude de Nimègue, les rites illusoires d'une liturgie gravement voluptueuse.

Un écrivain américain, qui habite la France depuis trente ans, me dit, se reportant aux bruyants débuts de la fameuse ballerine :

— Je ne l'ai point vue au Musée Guimet où les initiés seuls la purent admirer; mais quelques jours plus tard, au cours d'une fête à laquelle assistaient les dames les plus huppées du monde diplomatique, j'eus le plaisir de voir une de ces pantomimes de Mata Hari, qu'on tenait alors pour de scrupuleuses reconstitutions des danses sacrées des bayadères de Bénarès. Je me rappelle qu'avant le commencement du spectacle, un très grave vieillard expliqua au public ce que signifiait la cérémonie rythmique à laquelle il allait avoir la chance d'assister : « Une vierge qui est belle comme Urwaci, qui est pure comme Damayanti, et qui sort d'un monastère comme Sakuntala, nous dit-il, va vous représenter le mythe de la perle noire. » Et quand le docte et vénérable conférencier eut terminé sa ténébreuse histoire, nous vîmes apparaître une femme brune, mince, au visage dur, aux yeux de feu, et qui, enveloppée d'une tunique lui laissant le ventre nu, commença de danser lentement, en évoquant les

scènes du drame légendaire dans lequel la princesse Anuba, sachant qu'il y a au fond de la mer
une écaille contenant une perle noire pareille à
celle qui brille au pommeau du poignard de
Mescheb, essaie de séduire le pêcheur Amry
pour le décider à l'aller chercher. Epouvanté
par cette proposition, le pêcheur répond à la
princesse que c'est folie ce qu'elle demande, car
l'écaille est gardée par un monstre qui dévore
quiconque en approche. Mais elle insiste; elle se
fait câline; elle l'enivre de ses regards de feu;
et, à la fin, le pêcheur plonge au fond de la mer
et en revient agonisant, déchiqueté par le
monstre, pour remettre la perle à la princesse.
Et la princesse, alors, caressant la gemme
tachée de sang, danse, danse, se pâme et
délire... Moi, la vérité soit dite, je n'arrivais pas
pour ma part à démêler ce qu'il y a de religieux
dans une telle légende; mais, par contre, je
m'expliquais fort bien l'enthousiasme suscité
par la danseuse chez les artistes parisiens,
avides de sensations exotiques. Car, réellement,
en cette Mata Hari qui mimait si bien la coquetterie tragique, la coquetterie exigeant la vie
d'un homme en échange d'un baiser et l'exigeant avec une joie diabolique, savourant
d'avance les plus cruelles sensations, il y avait

une flamme de passion qui hallucinait, séduisait, faisait peur...

Dans ses Mémoires, la ballerine parle bien de cette soirée chez le ministre du Chili, mais en passant, sans y attacher grande importance. Que signifie, en effet, pour elle le représentant d'*une petite République lointaine*? Quelques centaines de francs, tout au plus. Par contre, quand c'est la princesse Murat qui l'invite à s'exhiber quasi nue dans son palais, ou quand c'est le prince del Drago qui donne une fête en son honneur, on remarque l'orgueil avec lequel elle inscrit ces noms sur ses tablettes.

Mais il y a plus d'orgueil encore quand, à la fin du dernier chapitre de son livre, elle avoue occuper un appartement somptueux au Palace-Hôtel de l'avenue des Champs-Elysées et avoir voiture particulière... Oh! vanité de la poupée éternelle!... Et elle ne s'aperçoit même pas, en écrivant cela à son père, que tout le monde est autorisé à croire, sachant ce que se paie une artiste, que ce luxe ne peut pas provenir exclusivement des soirées mondaines, des représentations à l'Olympia, des cérémonies au musée Guimet... Chez une femme si maîtresse de soi, si circonspecte, si réservée, une telle indiscrétion paraît d'autant plus étrange qu'à chaque page de son livre elle laisse percer le souci de faire croire que sa conduite est irréprochable et que, quand son mari l'accuse de traîner son nom dans les cabarets de nuit, il la calomnie. « La preuve en est, dit-elle derechef, que lorsqu'au début de 1906, lui-même demande le divorce qu'on n'avait pas voulu m'accorder, on ne peut rien relever contre ma conduite en Hollande et à Java. » Et là-dessus elle clôt ses confessions, sans paraître se douter que nous sommes quelques-uns d'assez impertinents pour murmurer :

— A Java et en Hollande?... Possible... Mais, à Paris?

III

LA BAYADÈRE

Dans le voluptueux abandon des fêtes intimes,
quand ses adorateurs, après les sacramentelles
libations des soupers copieux, l'entouraient de
toute la ferveur de leurs hommages, Mata Hari
se complaisait à évoquer, exaltée par la nostalgie, les souvenirs de son enfance claustrale.
Mais n'imaginez pas que c'était l'image d'un
béguinage sur les bords d'un canal brumeux, ce
qui accourait alors à sa mémoire. Non! ce
qu'elle-même avait écrit quelques années auparavant sur son origine semblait, en ces moments,
complètement oublié. Européenne, elle? Fille
d'un brave marchand de Leeuwarden? Elève de
l'école de Cammingha State? Allons donc!... Sa
nouvelle version n'avait rien de bourgeois;
c'était un conte, un conte des Mille-et-une nuits,
un conte bleu, or et pourpre, dans lequel les
images les plus étranges ondulaient au rythme
de musiques exotiques.

    — Je naquis — disait-elle — dans le Sud de

l'Inde, sur les côtes du Malabar, daus une ville sainte qui s'appelle Jaffuapatam, au sein d'une famille de la caste sacrée des brahmanes. Mon père, Suprachetty, était appelé, à cause de son esprit charitable et pieux, Assirvadam, ce qui signifie *Bénédiction de Dieu*. Ma mère, glorieuse bayadère du temple de Kanda Swany, mourut à quatorze ans, le jour même de ma naissance. Les prêtres, après l'avoir incinérée, m'adoptèrent et me baptisèrent Mata Hari, ce qui veut dire *Pupille de l'Aurore*. Puis, dès que je pus faire un pas, ils m'enfermèrent dans la grande salle souterraine de la pagode de Siva, afin de m'initier, suivant les traces maternelles, aux rites saints de la danse. De mes premières années, ma mémoire ne conserve que de vagues souvenirs d'une existence monotone où, après avoir imité automatiquement, durant de longues heures matutinales, les mouvements des bayadères, je me promenais les après-midi dans les jardins, en tressant des guirlandes de jasmin pour en orner les autels priapiques du temple. Mais vint la puberté; et la grande maîtresse, qui voyait en moi une créature prédestinée, décida de me consacrer à Siva et me révéla les mystères de l'amour et de la foi une nuit de la Sakty-pudja de printemps...

A ce point de ses évocations, une sorte de tremblement sacré s'emparait, dit-on, du corps de la ballerine.

— Vous faites-vous une idée de ce qu'est la Sakty-pudja de la pagode de Kanda Swany?

Et ces adorateurs européens, parmi lesquels se trouvaient souventes fois des académiciens et des ministres, se voyaient obligés à avouer en chœur qu'ils ignoraient ce que sont les saturnales brahmaniques de l'Inde.

Alors elle, excitée par le vin, par la vanité, par la lumière, par les parfums, par la luxure, expliquait, illustrant ses discours d'attitudes et de mouvements plus éloquents que ses paroles, les mystères de la Nuit suprême pendant laquelle les fakirs savourent en vie les délices cruelles et divines du paradis de Siva. Les premières heures de la fête sont toujours consacrées aux méditations dans une atmosphère d'opium et de langueur. Soudain, vers le moment où les Mages découvrent dans le ciel le signe des Trois Déesses, les orchestres commencent à soupirer, dans l'ombre, les notes de leurs hallucinantes harmonies. Parmi les épaisses frondaisons de la jungle, un murmure annonce le réveil des serpents sacrés qui, reconnaisant les rythmes de leurs danses, s'acheminent vers le temple où

Siva attend leurs hommages. Et les serpents dansent. Et mêlées à eux, tortueuses comme eux, et comme eux froides en leur nudité couverte de pierreries, les bayadères dansent aussi.

— Vous ne pouvez imaginer — me dit un vieil ami qui assista à l'un des fameux soupers où Mata Hari racontait et mimait son initiation artistique — l'effet de mystique délire que produisaient ses attitudes lascives, ses tremblements fébriles et ses contorsions épileptiques. Il y avait en elle quelque chose de l'idole et quelque chose du reptile. Ses grands yeux sombres, mi-clos par l'extase, ne laissaient filtrer entre les paupières que deux flammettes phosphorescentes. Ses bras ronds, ambrés, très longs et trépidants, semblaient enlacer un être invisible ; les jambes annelées, luisantes, musculeuses, palpitaient avec des sursauts de tendon près de se rompre sous l'épiderme. Si vous l'eussiez vue, vous auriez cru assister à la métamorphose d'un serpent se changeant en femme.

Ces derniers mots me remémorent la vision inoubliable d'une nuit où j'assiste, moi aussi, à une de ces fêtes obscures et étranges. Seulement, ma fête à moi ne se déroule pas dans un cabinet de restaurant parisien, après souper, mais bien dans les Indes lointaines, aux environs de Colombo, dans une espèce de cloître où une humble bayadère reçoit, en dansant devant les Cingalais accroupis à ses pieds, les dévotions de tout un peuple. J'ai déjà évoqué, dans mes Sensations d'Orient, ce spectacle magnifique et contrit, religieux et familial. Après avoir déambulé pendant plus de deux heures dans les bas quartiers, nous pénétrons dans une cour éclairée par des lanternes en papier. Au début, nous ne voyons que des torses chétifs couverts de blanches chemises et des torses plus chétifs encore entièrement nus. Mais, peu à peu, nous allons découvrant, perdus ou cachés parmi la foule, quelques robes de soie et quatre ou cinq châles jaunes des prêtres de Bouddha. Nous nous asseyons, comme tout le monde, sur une natte, et nous attendons. La danse n'a pas encore commencé. Une musique angoissante, une musique qui semble n'avoir jamais commencé, ni ne devoir jamais finir, une musique qui est comme une plainte entre-coupée, comme un soupir douloureux, comme un sanglot d'amour, erre dans l'ombre sans qu'on puisse deviner d'où elle vient. Pourquoi ce rythme nous cause-t-il une si profonde sensation de malaise?

Silencieuse, tel un fantôme, la bayadère paraît enfin.

C'est la danseuse populaire, la plante indigène, le fruit naturel du pays. Sa peau bronzée ne macéra jamais dans les essences, et si les ongles de ses orteils sont dorés, c'est uniquement au soleil qu'ils le doivent. Aucune influence savante n'adultère son art instinctif. Aucun rituel ne mesure ses pas. Et, de toutes les pierreries qui la parent, les seules qui ne sont pas fausses, sont les deux grands diamants noirs de ses yeux. Qu'importe? Telle quelle, humble et divine, faite non pour divertir des princes, mais pour bercer l'ivresse des marins malabares et des dockers cingalais, telle qu'elle est et telle qu'elle se présente cette nuit, parmi de modestes guirlandes de fleurs, sous le manteau phosphorescent du ciel, elle semble la digne sœur des mystiques *devadasis* des légendes.

La musique continue de m'halluciner. C'est le même rythme endormeur et monotone par lequel les psylles charment les serpents. Je l'ai observé en voyant de quelle façon la bayadère dresse son cou et remue sa tête. C'est le rythme du serpent! Et ces ondulations des bras ronds, et ces mouvements d'ascension des jambes, et ces spirales de tout le corps, sont de serpent aussi, de serpent sacré.

Lentement, glissant plutôt que marchant, la belle ballerine s'avance jusqu'à toucher de la pointe de ses pieds nus les spectateurs du premier rang. Les cercles dorés qui emprisonnent ses chevilles, et les autres plus nombreux qui lui servent de bracelets, scandent tous ses rythmes d'un murmure léger. Au cou, un triple collier de pierres multicolores palpite sans cesse, montrant que même aux instants où il y a une apparence de quiétude le mouvement de sa chair enfiévrée persiste. Et ce n'est pas seulement un mouvement des bras et des jambes; non; ni un mouvement de la ceinture et du cou, mais bien de tout le corps.

La peau, elle-même, s'anime; et il y a une telle harmonie, une telle unité dans l'être tout entier, que lorsque les lèvres sourient, la poitrine sourit aussi, et les mains, et les pieds. Tout vit, tout vibre, tout jouit, tout aime. C'est une pantomime d'amour plutôt qu'une danse, ce que la bayadère exécute. Ses gestes sont d'enchantement. En faisant tinter ses joyaux, elle s'approche de l'élu et l'invite à venir voir en détail les trésors de beauté qu'elle lui offre. Que de coquetterie instinctive et ardente en chaque geste !

« Ces yeux, » — semble-t-elle dire — « ces yeux
d'ombre et de tristesse, ces yeux et ces lèvres de
sang, et ces bras qui sont des chaînes voluptueu-
ses, tout ce corps qui tremble est tien, est pour
toi, contemple-le ! » Et pour se mieux montrer,
elle s'approche, puis s'éloigne, puis tourne...

Ses regards sont comme un philtre de luxures.
Ses narines respirent voluptueusement l'air im-
prégné de capiteux parfums asiatiques dans
lesquels il y a de l'extase et de l'animalité.
Le corps, toujours palpitant, s'étire de nouveau,
se tordant en enveloppantes spirales. Les mains
qui se lèvent en ondulant, semblent monter,
monter sans cesse. La musique accélère sa
pénétrante, sa lancinante, sa désespérante mé-
lopée... Et, hallucinés par le rythme, nous finis-
sons par ne plus voir là-bas, tout au fond, vers
le centre, parmi les branches et les fleurs, au-
dessus de la foule extatique, qu'un beau serpent
rutilant de pierreries, un serpent de volupté et
d'or, qui danse.

Les admirateurs parisiens de Mata Hari ont-
ils quelquefois éprouvé, en la voyant officier
dans ses fêtes secrètes, une impression aussi
profonde, aussi mystérieuse que celle par moi
ressentie devant la modeste bayadère de Kandi ?
Je ne le crois pas. En bonne élève des apsaras

de Kanda Swany, la ballerine illustre, dédaignant la simplicité des fêtes populaires, exerçait sa liturgie sans jamais perdre de vue les exigences du terrible Siva, dieu de tous les péchés, de toutes les complications, de toutes les cruautés. Dans ses lettres, quand elle s'adresse aux poètes et aux musiciens chargés de lui préparer ses arguments, elle avoue son désir de ne jamais rien laisser aux caprices de l'improvisation et de toujours se soumettre aux règles précises d'un symbolisme mythologique. Chacune de ses pantomimes prétendait être, en effet, la réalisation plastique de quelque poème sacré, dans le goût de celui que, sur l'autel de granit pourpre de la pagode des voluptés malabares, exécutent, durant les nuits des mystères orgiastiques, les bayadères nues qui incarnent le triple mythe de Pahvany, Lakmy et Sakty.

— C'est sur cet autel que je dansai pour la première fois, à treize ans, toute nue — lui arrivait-il fréquemment de dire, en se dépouillant de tous ses voiles devant ses admirateurs ébahis.

En réalité, Mata Hari n'avait vu l'orgie mystique du sanctuaire de Siva que dans les livres; et, probablement, dans ces mêmes livres où je viens de la contempler, moi aussi, non sans un frémissement d'horreur et de nostalgie à la fois.

Car, vraiment, ils inspirent du même coup des curiosités perverses et de profondes répugnances, ces tableaux que les voyageurs d'autrefois nous tracent des saturnales sacrées où les bayadères du temple de Siva pratiquent les rites monstrueux du culte du Lingam. « Autour du tabernacle, — dit l'explorateur Jacolliot — apparaissent en posture d'extase une trentaine de ballerines nues, en sueur, haletantes, devant lesquelles prêtres et fidèles s'extasient avec des mines de ravissement. Soudain, obéissant à la voix du chef des pundjarys, toutes ces femmes abandonnent leurs attitudes et se jettent à terre, mêlant et enlaçant leurs cuisses, leurs bras, leurs cous, leurs mains. Seules, les trois prêtresses qui incarnent les trois déesses de la Prostitution universelle, restent debout, au milieu de la masse humaine qui palpite. Jamais, dans les rêves les plus fous, l'imagination d'un fumeur d'opium n'a rien pu concevoir d'aussi horrible que ce spectacle de luxure mystique, que cette vague de chair féminine qui s'offre aux stupres des fakirs ivres, et dont les nudités produisent une sensation de bestialités. Les sexes se confondent, les cris se mêlent aux soupirs et se fondent avec eux en un profond rugissement. Les trois apsaras, comme si elles ne voyaient rien, continuent à danser, tranquilles, jusqu'au moment où les prêtres qui incarnent les trois dieux, se précipitent sur elles pour jouir de leurs caresses virginales. » Évidemment, si somptueuses qu'aient été les orgies de Mata Hari, elles ne peuvent avoir ressemblé, même de loin, à ces fêtes brahmaniques des pagodes de Siva ; mais elle savait, leur donnant un air de mysticisme sensuel, combiner ses danses de telle façon que les savants orientalistes, eux-mêmes, s'inclinaient quand elle répétait, très grave :

— C'est là-bas, sur l'autel de granit pourpre de Kanda Swany, que je fus initiée...

La seule chose qu'elle pouvait, au fond, avoir étudiée ou tout au moins vue, c'est la danse des menues Javanaises, dans les villes où son mari tint garnison comme officier de l'armée coloniale hollandaise. Et entre cet art fin, artificieux, fait de gestes stylisés et de mouvements traditionnels, et la dramatique danse des apsaras malabares, il y a une différence énorme. Comme des idoles d'or et d'émail, les figurines de Java ou de Sumatra, timides, hiératiques, immaculées, n'ont, en apparence, ni chair, ni esprit. Elles sont des incarnations quelque peu abstraites de rites ancestraux, et elles se conservent invariables, comme si le temps n'existait pas pour elles, en se transmettant leurs postures et leurs costumes, leurs mouvements et leurs tiares, leurs bracelets et leurs sourires, à travers les millénaires. Telles que les virent en des époques reculées les premiers princes jaunes, nous les voyons, nous autres, aujourd'hui. La soie était encore inconnue en Occident qu'elles exhibaient déjà leurs tuniques de brocart. Les temples dans l'atrium desquels elles dansent pourraient s'écrouler, qu'elles ne feraient pas pour cela un pas plus long que l'autre. Elles ne paraissent, en somme, ni sentir, ni penser, ni vivre. Et si ce que leurs historiens nous assurent est exact, elles n'éprouvent jamais la moindre tentation amoureuse.

Il est peu probable, donc, que les chastes Javanaises de Vanjoe Biroe ou de Semarang aient été les inspiratrices de Mata Hari.

Il n'y a qu'à lire les descriptions que ses adorateurs ont fait de ses fêtes intimes, pour se convaincre qu'en ses danses tout est luxure, séduction, étude voluptueux. Les costumes, si légers fussent-ils, semblaient toujours la gêner, au point qu'elle ne les supportait qu'au théâtre et dans les salons aristocratiques. Dès qu'elle se trouvait seule parmi les hommes, son premier mouvement était de se dépouiller de ses longues tuniques de voile. En ses derniers temps encore, deux ou trois jours à peine avant d'être fusillée, elle voulut, en un élan de diabolique ivresse sensuelle, offrir une fois de plus le spectacle de sa beauté nue, et elle se mit à danser dans sa cellule, jusqu'à ce que les pauvres sœurs de charité, qui assurent le service de la prison Saint-Lazare, averties par un des gardiens, accoururent pour l'exorciser.

Voulez-vous vous faire une idée exacte de ce qu'étaient les danses sacrées de Mata Hari ? Dans *Les Défaitistes*, de Louis Dumur, il y a la description d'une fête qui eut lieu, en 1917, dans le palais de la duchesse d'Eckmüll, et dont le clou fut la bayadère nue. Lisez :

« Seuls, les petits seins étaient couverts de deux coupoles de cuivre ciselé, retenues par des chaînettes. Des bracelets luisants de pierreries prenaient les poignets, les biceps et les chevilles. Tout le reste était nu, fatidiquement nu, des ongles des doigts à la pointe des pieds. Dominé par les gorgerins, le ventre plastique et ferme modelait sa souplesse androgyne entre les courbes symétriques qui, des aisselles ouvertes sous les bras levés, tombaient sur la conque des hanches. Les jambes s'élevaient, idéales, comme deux fines colonnettes de pagode. Les rotules se nouaient comme deux boutons de lys. Les triceps s'évasaient. Tout était blanc, jaune tendre, ambré, pailleté de lueurs d'or et de reflets rosés, tandis que, porté par le double chapiteau des cuisses doucement renflées, l'étroit bassin d'ivoire offrait dans son milieu le fruit noir du pubis. Sur une dernière évocation reptilienne, Mata Hari se tourna vers le dieu endormi, en souriant, et se prosterna par trois fois. Puis tournant lentement, lentement sur elle-même, elle détacha de son poignet gauche, du même rythme très lent, le large bracelet métallique qui le ceignait. On vit alors apparaître, à la place du bracelet de cuivre, un mince bracelet naturel qui, tatoué en bleu sur la peau d'or pâle, représentait un serpent qui se mordait la queue. »

Comment nous expliquer ce qu'il y avait de réellement indien en l'art sensuel et mystique de cette bayadère? Dans sa famille, de souche hollandaise, il n'y eut jamais une goutte de sang exotique. Avec son mari elle ne séjourna, pendant quelque temps, qu'à Java et à Sumatra, et dans des conditions telles qu'elle ne vit peut-être jamais là-bas les ballerines indigènes. Devons-nous donc admettre l'idée d'un apprentissage purement académique? Evidemment. Et néanmoins, ici aussi, le terrible point d'interrogation qui apparaît dans tout ce qui concerne cette femme, surgit pour nous obliger à nous demander comment il est possible qu'une Européenne, une Frisonne, une descendante des nobles matrones plantureuses des tableaux de Rembrandt, ait pu, jusqu'au physique, être ce qu'elle était. Car, sur ce point, tous ceux qui la connurent tombent d'accord pour déclarer que sa beauté constituait la plus pure incarnation du type asiatique, cuivrée, aux grands yeux de feu et aux cheveux de jais. Le docteur Bralez, lui-même, qui fut son médecin à la prison Saint-Lazare, me dit que, malgré l'évidence apportée par l'acte de naissance, il lui fut difficile d'admettre qu'elle n'était pas une authentique bayadère de la pagode mystérieuse de Kanda Swany.

IV

LA COURTISANE SACRÉE

Dans une étude sur la mauvaise vie pendant
la guerre, un des médecins de la Préfecture de
police, le docteur Bizard, nous apprend que c'est
dans une maison de prostitution qu'il fit la connaissance de la fameuse Mata Hari qui devait
longtemps après être condamnée à mort pour
espionnage. Mais l'illustre praticien ne nous dit
pas si la ballerine se trouvait dans cette maison
en qualité de pensionnaire ou de cliente. Et
c'est tant mieux! Car il y aura ainsi, dans ce
coin obscur de l'existence de la danseuse, un
peu de mystère pour la sauver de la probable
ignominie de la réalité. Nous ne saurions, en
effet, nous étonner de la voir comme visiteuse
dans un de ces temples de l'amour vénal... A
cause, penserez-vous, de son tempérament de
pécheresse souvent lassée, jamais rassasiée?...
Que non pas!... A cause de son désir de cultiver
l'amour comme un art très subtil et très com-

pliqué, ou mieux encore comme une science secrète qui a besoin de laboratoires propices aux essais *in anima vili*. Mata Hari ne peut pas, réellement, se contenter, dans l'exercice de son ministère, des stratagèmes instinctifs que toutes les hétaïres, même sans avoir lu Ovide, savent mettre en pratique pour retenir leurs amants. Rien en elle de léger, de frivole, de coquet à la manière parisienne. Rien qui fasse penser à la poupée voluptueuse avec laquelle les hommes jouent une nuit, ou une semaine, ou un an, ou toute une vie, et dont l'unique ambition est d'être adulée, cajolée et parée par les mains généreuses de son maître. Rien en elle d'inconscient, ni les rires, ni les larmes, ni les perfidies, ni les pâmoisons, ni les cris sauvages de plaisir. Convaincue peut-être qu'en son être palpite l'âme réincarnée d'une bayadère de ces antiques pagodes hindoues où se célébraient les Soixante-Quatre Rites de la Luxure, elle se consacre à la culture de ses relations intimes avec autant de zèle qu'à la pratique de ses danses. Tous les philtres, toutes les amulettes, toutes les incantations, toutes les théurgies de l'amour, elle les étudie, elle les connaît à fond, elle s'en sert...

** **

Vous souriez, en entendant cela, comme quand une gitane vous parle des recettes pour rendre votre maîtresse fidèle?...

Le résultat des méthodes de Mata Hari est pourtant de ceux qui, si sceptiques soyons-nous, doit nous forcer à considérer avec une inquiétude curieuse et modeste les phénomènes de l'inexplicable. Tous les savants de notre époque ne sont-ils pas attachés à surveiller les effluves des bouches médiumniques pour tâcher d'en voir sortir les émanations vitales de l'ectoplasme? La réalité de l'hypnotisme, de l'auto-suggestion et de la télépathie n'est-elle pas devenue un dogme scientifique?... Récemment, le docteur Laumonier, qui s'est consacré à étudier les vertus des gemmes, nous assurait que ce que la Kabale dit au sujet du pouvoir miraculeux des émeraudes, des saphirs et des perles, est, en grande partie, expérimentalement exact. Pourquoi, donc, nous moquer de la science occulte de l'amour? Quand Caligula, effrayé de sa propre idolâtrie pour Césonia flétrie, réunit ses conseillers pour leur demander s'il ne conviendrait pas de mettre cette femme sur le che-

valet de torture, afin de lui faire avouer quelle
sorcellerie elle emploie pour asservir les hommes,
il ne déraisonne pas autant que Suétone se le
figure. Il existe, à n'en pas douter, une magie
érotique dont, seules en Europe, les gitanes
semblent connaître encore quelques rudiments,
mais qui, chez les lointains peuples orientaux,
conserve toujours ses dévôts et ses sanctuaires.
Cette magie, faite de philtres enivrants, de parfums secrets, de caresses innombrables, de sug-
gestions infinies, de peurs obscures, de curiosités
jamais satisfaites, de périls constants, de délires
cruels; cette magie à laquelle on s'initiait aux
Indes dans les sombres temples de Siva et en
Syrie sur les autels d'Astarté; cette magie, qui
est à la fois idéale et bestiale, spirituelle et
vénale, et qui, parfois, en ses détails, ne semble
qu'un jeu inoffensif de puérilités inexplicables;
cette magie que le Moyen-Age chrétien imprégna
d'inutile diabolisme par les grotesques orgies de
ses messes noires, mais qui, en Orient, a conservé sa fraîcheur de communion du plaisir et
d'exaltation de la possession; cette magie dont
les éléments primordiaux se trouvent dans
toutes les âmes passionnées et qui n'est, en
somme, que le développement intensif ou la
floraison monstrueuse des désirs de notre chair,

de nos sens, de notre instinct conquérant, de notre luxure dominatrice, Mata Hari l'étudie fervemment. Non point comme les éphèbes dilettants qui, dans les cénacles d'Oxford, commentent, en se caressant les mains, les secrets voluptueux du « Prem Sagar » ou du « Gita Govinda », mais avec la constance clairvoyante du prêtre qui sait qu'il doit vivre de l'autel. Dans la bibliothèque qu'à son départ pour l'Espagne elle abandonne en son hôtel de Neuilly et qui se trouve à présent éparse en force collections de bibliophiles, il y avait, dit-on, des traductions allemandes, anglaises et françaises des livres sanscrits relatifs à l'amour. « Toutes ces traductions — écrit quelqu'un qui les a vues — sont bourrées de notes marginales écrites de cette écriture haute et étroite, qui dénote tant d'énergie. » J'ai obtenu que le docteur Striberg, qui possède quelques-unes de ces œuvres, me prête la plus caractéristique de toutes, celle qui montre le mieux la nature des préoccupations de son ancienne propriétaire, celle qu'on peut, sans exagération, considérer comme la Bible de l'érotisme oriental. Je veux parler du fameux « Kama Soutra » que les Hindous conservèrent caché, durant de longs siècles, dans les collèges des bayadères sacrées,

et que les Anglais ont profané en le laissant
traduire dans toutes les langues européennes.
L'exemplaire de la danseuse est relié en damas
pourpre et porte au dos une couronne de prince.
Cadeau de quelque noble protecteur qui connaissait ses goûts?... Rien en ses pages n'indique
son origine. Pas de notes marginales, non plus.
Mais de loin en loin, un profond sillon, creusé
avec une épingle ou avec l'ongle, signale des
passages paraissant avoir attiré l'attention de la
femme qui y cherche les secrets de la luxure
brahmanique. Et ils sont si suggestifs, ces passages; ils s'ajustent tellement bien à la confuse
image que nous nous faisons de cette créature
capricieuse et fantasque, variable et hautaine,
avide de sensations rares et malade de cupidité
dévoratrice; ils semblent si imprégnés de sa
luxure et de sa vanité, qu'en les lisant à présent,
après avoir vu la trace indélébile que ses baisers
laissent sur les lèvres de ses amants, je me
figure écouter la plus intime et la plus sincère
de ses confessions. Voici, par exemple, dans le
chapitre intitulé : « Des Mobiles qui doivent
guider les courtisanes », les phrases que sa griffe
légère souligne : « *Quand une courtisane aime
l'homme auquel elle se livre, ses actes sont natu-
rels; quand, au contraire, elle n'a en vue que*

l'intérêt, ils sont artificiels ; mais, dans ce dernier cas, ils doivent paraître sincères, car l'homme n'a de confiance qu'en la femme qui semble l'aimer. »... « Les hommes qu'on ne doit accepter que pour leur argent, sont : les tout jeunes gens qui se trouvent en possession d'un héritage, les hauts fonctionnaires, ceux qui jouissent de la faveur des souverains, ceux qui se montrent vaniteux de leurs richesses, les héros, etc... Elle doit aussi rechercher, pour la satisfaction de son amour-propre et sans intérêt : les savants, les artistes, les devins, etc... » « La courtisane doit toujours se montrer belle et aimable, et porter en son corps les signes de son augure. Elle doit estimer les belles qualités chez les hommes, sans jamais cesser pour cela de poursuivre la fortune. Elle doit se complaire aux unions sexuelles et être dans chaque cas de la caste de l'homme qui la possède. Elle doit s'efforcer sans trêve ni répit d'augmenter le trésor de son expérience et de ses talents, en se montrant toujours généreuse et amie des plaisirs et des arts. »... Dans un autre chapitre, où Vatsiayana enseigne à la bayadère la façon de se conduire au lit, les passages soulignés sont les suivants : *« Pour captiver son amant, la courtisane doit témoigner la plus vive admiration pour sa science en matière de caresses et pour sa manière de la faire se pâmer. »... « Couchée avec lui, elle se montrera toujours disposée à tout; elle caressera toutes les parties de son corps; elle le baisera quand il sera endormi; elle le contemplera avec une inquiétude apparente. »... « Après la première visite, elle l'incitera à célébrer avec elle quelques rites. »... « La femme doit fleurer le lotus, les fleurs, le vin, la marée; et elle doit avoir goût à bétel. »* Puis, en feuilletant au hasard, je lis des choses dans ce genre : *« Pour que tout son être t'appartienne, fais-lui absorber un philtre composé de poivre Chaba, de racines d'ouchala, de graines de sanseviera et de roxbourguiana, de jus de kshiria et de branches de schadavanstra. »* ... *« Pour plaire, observe les conseils de l'Atharva-Veda. »*

*
* *

Vous me direz, sans doute, qu'il n'y a rien en tout cela qui ne soit aussi ingénu que les préceptes de l'*Ars Amandi* ou que les recettes des « Philtres galants ». Il est bien possible que vous n'ayez pas tort. Mais remarquez, je vous prie, que la seule chose que je prétende découvrir en cette ardente volonté de trouver la clef

des arcanes amoureux, c'est la foi, la foi absolue
et aveugle de la bayadère en la réalité de la
science érotique qu'enseignent les livres orientaux. Et le pouvoir de la foi est si profond en
semblables matières, que nous n'avons pas le
droit de mettre en doute que c'est grâce à ce
qui se peut apprendre dans les livres secrets
d'Orient et dans les écoles pratiques de luxure
d'Occident, que Mata Hari est devenue une véritable ensorceleuse d'amour.

Sinon, comment expliquer son pouvoir de
séduction, sa domination absolue sur les hommes
qui savourent ses caresses, sa griffe que rien
n'arrache de la poitrine de ceux qui ont une
fois pénétré dans son lit?... Et tenez compte que
ses victimes ne sont pas toujours des officiers
naïfs, ni de vaniteux clubmans habitués des
foyers de théâtre, ni de riches banquiers avides
de sensations exotiques. Au cours de son procès,
elle-même a avoué que chaque fois qu'un
homme lui a « convenu » ou lui a « plu », ses
rêts ont été assez subtils pour le capturer
d'abord, et ensuite assez puissants pour le retenir
longtemps prisonnier. Parmi ces hommes
figurent un des avocats les plus illustres
d'Europe, un ambassadeur, un ministre de la
Guerre, un président de Conseil des ministres,

un prince impérial, un grand-duc, un glorieux artiste... Et d'autres, tant d'autres
qu'on n'a pas désignés et qui soupirent encore
en pensant aux nuits terribles ou sublimes
passées dans les bras de la courtisane de Siva,
enivrés d'étranges parfums, de caresses jamais
avant ressenties, de baisers cruels, d'exaltations
délirantes !...

Dans la maison de prostitution où l'a rencontrée le docteur Bizard, les pensionnaires
elles-mêmes disent, peut-être après avoir passé
par le lit de la danseuse : « Cette Hindoue, c'est
le diable !... ».

Il doit y avoir quelque chose d'infernal, de
mystérieux, de magique, en effet, dans les lèvres
de la bayadère, pour qu'elle arrive ainsi à ensor-
celer littéralement ceux qui l'approchent. Car
au témoignage de tous ceux qui la voient de
très près au moment de sa grande gloire, sa
beauté n'offre rien d'extraordinaire. Elle est,
sans doute, une belle fille, quoique plus très
jeune, quoique aux traits trop accentués, quoique à la poitrine flétrie, mais toujours svelte,
toujours décorative, toujours élégante, et jouis-
sant toujours du prestige de son art et de son
exotisme. De plus belles qu'elle, il en est beaucoup, sans doute ; de séduisantes comme elle, de

capables comme elle de convertir les hommes
en esclaves, il n'en est aucune... Ceux qui
l'aiment, l'avouent, humiliés et contrits. Et si
les juges et les moralistes ne réussissent pas à
s'expliquer un tel empire, c'est qu'en leur aveu-
glement d'hommes positifs, ils ne veulent pas
se rendre compte qu'il existe peut-être un
sortilège, un enchantement, un art magique,
en somme, qui confère à certaines créatures
humaines le pouvoir miraculeux, en partie
appris et en partie inné, d'absorber la volonté
des êtres qui se laissent entraîner dans leurs
antres.

V

LE MYSTÈRE DE SON AME

Quelques-uns de ceux qui la connurent intimement disent que, dès le début de sa carrière
artistique et galante, elle eut le pressentiment
que sa vie serait un tissu magique d'événements
imprévus; et par l'une des rares lettres qu'on
ait publiées d'elle, on voit, en effet, que même à
ses moments les plus lumineux, en pleine
apogée, en pleine tranquillité, en pleine richesse,
ayant à ses pieds les magnats de toute l'Europe,
sentant que son rêve d'être une idole sur un
autel étrange s'est réalisé, quelque chose au
fond de son être tressaille et frémit au moindre
choc. A l'un des amis qui le plus tendrement
l'aimèrent, elle écrit un jour : « Protégez-moi
contre tant de choses qui me font du mal et
m'enlèvent jusqu'au goût de travailler. » Et
quand on réfléchit à ce qu'était la femme qui
s'exprime ainsi; quand on considère que ses
pieds ne foulaient alors, dans ses pérégrina-

tions triomphales, que des tapis de fleurs; quand on se rappelle que, dans son palais, des princes faisaient antichambre, la pensée se perd en inquiètes interrogations sur les voix mystérieuses du Destin. Il arrivait, donc, à cette bayadère d'éprouver de noires angoisses au milieu de son apogée? Cependant, sa façon de penser et de sentir n'était ni superstitieuse, ni frivole. Sa morale apparaît toujours fondée sur des maximes très claires, très sages, très consolantes. « Je crois sincèrement » — écrit-elle — « que celui qui sème le bien finit par récolter le bien, et que celui qui sème le mal finit par récolter le mal, comme celui qui sème le doute finit par récolter le doute. » S'adressant à la même personne, elle ajoute, quelques lignes plus bas : « Il y a des moments où l'on croit aux surprises du sort ; mais on note bientôt que chacun a le sort qu'il se prépare. »

Volontaire, positive et énergique, elle ne manquait pas de se rendre compte qu'en somme, son art et sa beauté, joints à sa jeunesse, étaient les bases de sa royauté. Et si, réellement, il y avait en elle, comme l'affirment ceux qui la fréquentèrent et comme cela semble se dégager de la lettre précitée, une vague crainte d'obscurs événements futurs, il me semble plus logique d'attribuer cela à d'occultes avertissements du Destin, plutôt qu'à la croyance qu'à l'époque de ses premiers succès, elle se sentait déjà torturée par les préoccupations propres aux délinquants.

Ici, il me semble entendre quelqu'un me demander si je crois, ainsi que certains écrivains espagnols parmi lesquels se trouve le sénateur Junoy, à l'innocence de Mata Hari.

Non ; en mon âme et conscience, je n'y crois pas.

Et c'est que lorsqu'on lit sans passion ni préjugés les pièces de son procès, il est impossible de nier la culpabilité de cette femme. « Elle était coupable » ; — nous disent ses douze juges — « elle était payée par les services de l'espionnage allemand. » Comment douter encore après de telles paroles ?... Cependant, cette vérité, confirmée par une sentence terrible, paraît plus invraisemblable à mesure que l'on étudie mieux la vie, le caractère et les idées de la malheureuse ballerine.

A peine débarrassée du joug conjugal, au printemps de 1905, peu après qu'elle a débuté au Musée Guimet, on la trouve somptueusement installée dans un des palaces des Champs-Elysées, ayant voiture particulière et colliers de pierreries. A ce moment-là, il serait ridicule d'attribuer ces splendeurs à l'or des agents de Berlin. Quels services, je vous prie, pouvait bien rendre aux militaires qui préparaient la guerre contre la France, une étrangère sans relations, sans attaches dans le pays et à peine connue comme danseuse exotique? Aucun. Et depuis lors jusqu'au jour de son arrestation, elle fut toujours environnée de pareil luxe, elle se montra toujours aussi prodigue, elle imposa toujours ses caprices les plus coûteux et les plus fous aux légions d'adorateurs qui l'entouraient dans toutes les parties du monde. Dans l'acte d'accusation du Commissaire du Gouvernement près le Conseil de Guerre de Paris, on invoque comme preuves qu'elle comptait plusieurs années à la solde des Allemands, ses relations intimes, amoureuses pour mieux dire, avec des personnages tels que le kronprinz, le duc de Brunswick et le Préfet de police de Berlin. Mais cela, si ma psychologie ne m'abuse, pourrait bien, me semble-t-il, constituer plutôt un vague indice d'innocence, car un prince impérial, un grand seigneur et un haut fonctionnaire, même s'ils sont prussiens, ne choisissent généralement pas leurs maîtresses parmi les espionnes. En outre, le commandant Massard écrit dans un terrible livre : « L'accusée était cupide à l'extrême, et l'on

peut estimer que, durant les deux premières
années de la guerre, le chef de l'espionnage lui
envoya plus de 75.000 francs, ce qui est énorme,
si l'on tient compte que les agents ordinaires ne
recevaient presque jamais plus de mille francs. »
Ces derniers mots sont exacts. Personne n'ignore
que les Allemands, à Barcelone, prirent à leur
service le capitaine Estève, de l'armée coloniale
française, et ne lui allouèrent que trois cents
pesetas par mois. « Les Boches » — ajoute Massard — « n'étaient pas généreux envers leurs
agents : une fois compromis, les misérables
qui acceptaient la servitude devaient marcher
droit dans le chemin de la trahison, sinon ils
étaient dénoncés à leur pays par leurs propres
employeurs; beaucoup de traîtres nous furent
ainsi livrés par les Allemands, qui n'en avaient
plus besoin. » Fort bien... Seulement, cela,
c'est la défense qui aurait dû le dire. Est-il
vraisemblable, en effet, que, pendant la guerre,
Mata Hari se soit vendue pour 60.000 marks,
alors que ses lettres du début de 1914 expri-
maient son intention d'acheter de nouveaux
meubles, très artistiques et fort chers, pour
orner sa superbe villa de Neuilly, et son autre
intention d'offrir à un musée parisien un service de porcelaine ancienne de grande valeur?

Pour répondre à des questions de cette espèce, Massard qui, en son religieux respect de la chose jugée, ne conserve pas le moindre doute sur la culpabilité de la ballerine, invoque comme mystérieux mobile moral du crime de celle-ci, des motifs terriblement puérils d'orgueil blessé. « C'est peut-être l'orgueil » — dit-il — « qui la perdit. L'artiste trouvait que les Français ne l'appréciaient pas à sa juste valeur. La réputation d'Isadora Duncan lui portait ombrage. Les Allemands, par contre, l'adulaient et la traitaient en déesse. De là son grand amour pour les Germains, qui explique force choses. » Que l'illustre historien de l'espionnage me pardonne, mais ses explications psychologiques ne m'apparaissent pas aussi claires qu'à lui. En réalité, comme artiste, Mata Hari semble avoir eu plus de vanité que d'orgueil. Ses lettres le démontrent : on n'y trouve pas cette flamme qui fait délirer une Isadora Duncan exposant le secret divin de son art ; on n'y trouve point une foi sereine, olympienne, comme celle qui dans les confidences de Loïe Fuller peut parfois provoquer l'ironie, mais finit toujours par inspirer le respect. Non. Pour la danseuse exotique, l'art, qui lui est d'abord une planche de salut pour se libérer de la tutelle conjugale, n'est jamais

autre chose qu'un moyen d'attirer l'attention,
de se montrer dans la splendeur de sa beauté,
de séduire les hommes, enfin. A un ami qui,
bien avant la guerre, lui demandait pourquoi
elle ne travaillait pas, elle répondit : « Je suis
toute disposée à danser de nouveau et à renoncer
à ma vie facile pour savourer encore les préoccupations que provoque nécessairement la gloire;
mais je veux, au moins, retirer le bénéfice de
ce que je fais et ne pas permettre que d'autres
me dépouillent de mes idées. » Puis à un com-
positeur qui lui propose une danse bouddhique,
elle écrit : « L'idée me plaît d'un temple hindou
avec la déesse; c'est dans pareil décor que je commençai de danser au Musée Guimet où de mes
portraits se trouvent encore. D'autres ont imité
cela. N'empêche que j'ai été la première à l'imaginer. C'est la seule façon de donner un cadre
vraiment adéquat aux danses sacrées. Le temple
peut être chimérique tant qu'on voudra, car,
moi, je le suis aussi. » Plus loin, commandant
un ballet comme on commande une robe, elle
dit au musicien chargé de le composer : « *La
Fleur Sacrée* sera la légende d'une déesse qui a
le pouvoir de s'incarner en l'une des fleurs brû-
lant comme offrandes sur son autel. Le prince
entre dans le sanctuaire, tenant des orchidées;

il les brûle ; et, de la fumée, la déesse se dégage, et danse. Moi, je dois être l'orchidée, toute en or et en diamants. Je sais comment m'y prendre. Paul n'a qu'à me faire signe quand il aura besoin de moi : je serai prête. Je veux qu'il me dédie la partition. Le morceau de l'*Eau Courante* restera comme prélude, car le temple est situé dans une forêt, près d'une cascade. » Ses idées artistiques sont toujours de cette sorte : confuses et puériles, faites pour inspirer des combinaisons scéniques lui permettant de se montrer quasi nue, parmi des bijoux, des ors, des rythmes et des transparences. La crainte de fausses notes d'exotisme religieux ne l'arrête pas dans ses projets. Son érudition est vague et sa théologie nébuleuse. On voit qü'elle [a appris tout ce qu'elle sait, au cours de lectures désordonnées, dans le seul dessein de tout mettre personnellement à profit. « Paul » — écrit-elle encore — « doit exprimer par sa musique les trois idées suivantes : incarnation, apparition, floraison. Ces trois évolutions correspondent aux pouvoirs de Brahma, Vichna, Siva, soit : création, fécondité, destruction. La destruction, dans ce cas, est créatrice ; c'est pourquoi Siva, s'il ne le dépasse pas, égale au moins Brahma. Par destruction, dans l'incarnation, vers la création : voilà ce que la danse doit signifier. » Le thème de la fleur sacrée et sensuelle qui se transfigure au souffle de l'amour mystique semble l'obséder. Cela, et une statue de bronze, et un prince dont les gestes hiératiques évoquent le rituel bouddhique, lui sont éléments suffisants pour se faire un cadre où sa nudité d'ambre saura provoquer des murmures de surprise et des frémissements de luxure.

La seule chose qui, au milieu de ces sensations confuses, conserve toujours une claire vigueur, semble sourdre, non point des souvenirs livresques, mais du fond même du caractère, c'est la substance intime de sa philosophie. Dans une lettre à un ami, elle écrit : « Tu mourras, comme tout meurt ; en attendant la mort, il faut vivre pleinement les instants beaux et glorieux : mieux vaut ne passer sur terre qu'une vie courte et intense que d'y traîner une vieillesse sans beauté. » Mais, évidemment, la beauté pour la danseuse n'est point ce qu'elle est pour les sages orientaux qui prêchent aussi une existence sans défaillances ; ce n'est pas une splendeur spirituelle, ni seulement une ferveur d'art pur, idéal, absorbant ; mais uniquement l'ensemble de volonté et de charme qui assurent son triomphe immédiat, sa séduction personnelle.

L'instinct de cupidité que le commandant Massard lui prête ne se dégage pas très clair des renseignements authentiques réunis sur elle. Sans doute, envers ceux qui, la considérant comme un objet de luxe, aspiraient à conquérir ses faveurs, elle dut être une femme de proie ; mais il faut voir, en même temps, avec quelle générosité elle distribuait aux gens à son service une partie de ses richesses. « Prenez », — semblait-elle leur dire — « prenez, et tâchez d'enlever à cet or ce qu'il a d'infâme. » Car il est indubitable qu'au fond de son âme de Hollandaise bien née, bien éduquée, respectueuse des hiérarchies sociales et avide de considération aristocratique, la véritable source d'où émanait son luxe doit lui avoir souvent paru honteuse. Un de ceux qui ont essayé de reconstituer sa personnalité met sur ses lèvres ce monologue symbolique : « A présent, je suis reine... J'ai ma Cour et mes courtisans... Ginoceli, avec son museau d'hyène et sa mine de tricheur, ne manquerait pas un jour de venir me voir, même si j'étais en enfer. Et Cravard, le millionnaire, qui serait capable de vendre Dieu pour moi !... Et lord Clavenmoore, aussi puritain à la surface que libertin au fond !... Ah ! leurs joyaux et leurs fleurs me répugnent !... Il y a quelque chose de maudit en la beauté. Les hommes sont horribles. Ceux-là, qui m'adorent, s'entre-dévoreraient pour un de mes sourires. Le grand-duc Basile, qui se transforme en un Néron, quand il est ivre, quel dégoût ! Et le comte von Gurt, intime du Kaiser, général de la Garde, il n'y a qu'à le voir manger pour le juger !... Ah ! les monstres !... Leurs flatteries me rendent malade ; leurs caresses me glacent... » Que ces cris répondent à la réalité, c'est fort probable ; seulement, Mata Hari était bien trop vaniteuse pour s'exprimer ainsi devant ses amis : au lieu de vitupérer, elle dissimulait ; et pour cacher son jeu, pour ne point faire figure de courtisane vénale, mais bien de déesse, elle avait improvisé son art étrange et inventé son origine sacrée...

L'art et la beauté, la beauté surtout, suffirent, dès le commencement de sa vie libre de grande aventurière, à lui assurer une situation enviable. Caroline Otero, elle-même, qui jusqu'alors s'était considérée comme de beaucoup supérieure à toutes celles qui briguaient l'héritage de son sceptre, sentit que la nouvelle souveraine allait conquérir des Etats considérablement plus étendus que les siens. Et c'est que Mata Hari ne se contentait pas de régner, comme Liane de Pougy, comme Emilienne d'Alençon, comme Rosario Guerrero, comme Odette Valéry sur un groupe de noctambules parmi lesquels il se trouvait des artistes et des banquiers, des aristocrates et des « fils à papa », mais presque jamais un personnage de réelle importance morale. Mata Hari se sentait des ambitions plus hautes et savait les réaliser. Mata Hari avait besoin que ses courtisans fussent ministres, princes, ambassadeurs, généraux, académiciens. Que dis-je? Dans son boudoir oriental, entre une figurine de Tanagra et un Bouddha de bronze antique, s'étalaient en leurs riches cadres de filigrane, les photographies de deux monarques qui, en leurs dédicaces, se proclamaient enthousiastes admirateurs de la grande artiste.

Deux souverains, oui : l'un mourut avant elle ; l'autre, chevaleresque et généreux, demanda personnellement sa grâce au Président Poincaré. Et c'est ici que je me demande si, mis au courant de ces royales démarches, et de leur échec, quelqu'un peut encore mettre en doute que la ballerine fût coupable? Car pour que le chef de l'État français ait cru ne pas devoir accéder à la demande du monarque d'un

pays ami, il fallait qu'il fût fermement convaincu que les crimes de Mata Hari étaient
impardonnables.

— Oui... mais ils restent inexplicables, ces
crimes — j'entends que murmure mon bon ami
Junoy (1).

(1) Le sénateur espagnol Junoy, qui fut un des meilleurs
amis de Mata Hari, a toujours été sûr de son innocence.
« Vous verrez — me dit-il un jour, il y a quatre ou cinq
ans, — vous verrez que la France, le seul pays qui a une
conscience nationale, finira par demander la revision du
procès de la pauvre danseuse, comme elle l'a fait pour
celui de Dreyfus. » Alors, ces paroles me firent sourire
parce que je sentais que la grande majorité des Français
avait la conviction de la culpabilité de Mata Hari. Mais à
présent je me demande si Junoy n'a pas été un vrai pro-
phète en me parlant ainsi. Voici, en effet, dans le *Petit
Journal*, c'est-à-dire dans un des organes les plus populaires de la bourgeoisie parisienne, un article du 16 juillet
1925, signé Marcel Nadaud et André Fage, et dans lequel
je trouve les lignes suivantes :

« Des mémorialistes, comme le commandant Massard
dans son remarquable livre *Les Espionnes à Paris*, ont
cru, par des documents, apporter la preuve certaine de sa
culpabilité. Pour tout observateur impartial, la question
demeure entière.

« Sinistre espionne pour beaucoup, on ne peut oublier et
négliger qu'elle eut de son vivant des défenseurs acharnés,
de la plus haute intellectualité. Aujourd'hui, elle n'est plus
qu'un souvenir, son corps ayant été dispersé comme pièce
anatomique, sous le scalpel des carabins. Mais sa mémoire
garde encore des amitiés fidèles.

. . . .

« Il est certain que la défense « tenait le bon bout ».
Après la chaude plaidoirie de Mᵉ Clunet, on put croire un
instant la danseuse déchargée au moins du principal chef

C'est certain, surtout quand on veut, comme l'implacable commandant Massard, en découvrir le mobile dans l'intérêt ou le dépit. Pour soixante

d'accusation. Il n'en fut rien. Et puisque sept officiers l'ont jugée coupable, nous voudrions pouvoir nous incliner sans réserve devant ce verdict de soldats.

« Malheureusement, comment ne pas nous méfier de l'ambiance dans laquelle les débats se développèrent? Quand l'ennemi est si près de la capitale, quand l'espionnite règne en maîtresse, quand, pour ne pas paraître défaitiste, on en arrive à fermer son esprit au plus élémentaire sens critique, on est en droit de se demander si la justice a pu garder son entière indépendance et son indispensable sérénité.

« Que de jugements de conseils de guerre ont dû être cassés depuis! Que de coupables innocentés des plus abominables des crimes : désertion, trahison, abandon de poste, espionnage.

« Certes, on ne peut incriminer personne ; seule la guerre fut coupable, qui mania parfois le glaive de la Justice à l'aveuglette, avec une hâte inconsidérée. Mais aujourd'hui, dans la paix, dans la norme retrouvée, est-il devoir plus impérieux que celui de reviser les jugements qui restent auréolés de mystère, d'étaler au grand jour les dossiers des affaires sur lesquelles plane encore la grande ombre du doute!

« Hier, nous avons fait part de nos angoisses à l'un des magistrats qui ont été mêlés à l'affaire Mata Hari. Il nous a répondu :

« — Vous ne savez pas tout... Il y avait des pièces secrètes accablantes...

« Eh bien, huit ans après, le secret n'est plus de rigueur. Pour le calme de notre conscience, pour briser aussi la campagne étrangère sur l'affaire Mata Hari, qui tend à la représenter comme une Miss Cavel, comme une martyre, nous réclamons la publication de ces pièces, au nom de tous les Français épris de vérité. »

mille francs, une femme aux pieds de laquelle soupirent des banquiers et pleurent des ministres, ne se consacre pas à la plus vile, à la plus périlleuse des besognes. Pour satisfaire de mesquines rancunes artistiques, une riche ballerine applaudie partout ne risque pas son honneur et sa vie.

— Alors?

That is the question. Ou, plutôt, tel est le mystère ; et, pour le pénétrer, le mieux est peut-être de penser à ce qui existe de plus vague, de plus féminin, de moins raisonnable, à ce qui, au regard d'un moraliste sérieux, passera toujours pour de la fantaisie littéraire, à ce qui s'explique seulement par le triomphe de la vanité et la défaite de l'orgueil, à ce qui nous montre une fois de plus, enfin, combien compliqué, absurde, faible, inconscient, bas et aveugle peut être le cœur humain. Les phrases que, dans la tragédie de Charles-Henry Hirsch, le défenseur de la ballerine prononce pour expliquer le crime d'icelle, sont moins des paradoxes qu'elles ne le paraissent tout d'abord. « Ce n'est pas elle » — dit, en somme, l'avocat — « ce n'est pas elle la vraie responsable, mais bien l'égoïsme des hommes qui précipitent les femmes dans l'abîme. » En effet, elle fut surtout la victime de son propre prestige. Comprenant tout le parti qu'ils pouvaient tirer de ses relations, les Allemands eurent l'habileté de la séduire par des flagorneries puériles et irrésistibles : « Vous qui êtes la seule capable de comprendre... Vous qui exercez la plus grande influence... Vous qui souhaitez la paix... Vous qui sentez toute l'horreur de la guerre... Vous qui pouvez épargner à de pauvres familles tant de deuils, tant de larmes, tant de misères... » Et la belle fille qui croyait que tous les hommages lui étaient dus, se laissa prendre aux rêts de l'espionnage comme une alouette au miroir. Si on lui eût crûment offert une somme quelconque pour se mettre au service des agents de Berlin, il est fort probable qu'on n'aurait réussi qu'à l'offenser; mais les grands organisateurs des forces occultes, les Romberg, les Ratibor, les Kallen, étaient de subtils psychologues dévoués à la plus ténébreuse des diplomaties. Les paroles que Dumur met sur les lèvres du ministre allemand à Berne sont authentiques : « Ce dont nous manquons le plus, c'est d'amis habiles et intelligents, d'un talent supérieur et d'un noble caractère, disposés à nous aider à Paris dans le but de mettre fin à toutes ces horreurs. Les Français ne le comprennent pas et il importe de le leur faire comprendre dans leur propre intérêt : nous autres, nous ne haïssons personne ; nous souhaitons uniquement de ne pas succomber sous l'effort de cent peuples ligués contre l'Empire. » Et c'est cela qui suffit pour faire vaciller un Andersen et qui, probablement, fit de Mata Hari une espionne.

Mon hypothèse vous semble aussi fragile que celles du commandant Massard?... Point ne m'étonne. Vues de loin, à travers le temps et à travers l'espace, les péripéties morales de la tragédie européenne paraissent fréquemment inexplicables. Pour ce qui a trait à l'espionnage, surtout, il faut se rendre compte de ce qu'était l'atmosphère des grandes villes neutres, Genève, Madrid, Amsterdam, si l'on veut bien comprendre l'invraisemblable facilité avec laquelle les agents du Kaiser trouvaient des collaborateurs plus ou moins désintéressés dans toutes les classes sociales. « A Berne, — dit l'auteur de *Nach Paris* — dans l'extraordinaire tourbillon provoqué par la guerre, l'espionnage était chose courante à laquelle tous se consacraient, s'espionnant les uns les autres. » Dans les cercles cosmopolites de Madrid, au Palace, au Ritz, il se passait quelque chose d'analogue. De belles aventurières, qui parlaient aussi bien le français

que l'allemand, ne se gênaient guère pour pénétrer en plein jour dans les ambassades. « Une
espionne ! » — disait-on. Et on le disait sans surprise, sans dégoût. Une immense tolérance régnait, faite en partie de scepticisme et en partie
d'habitude d'entendre toujours et partout le
même refrain. Qui plus est : dans certains
milieux on pouvait noter une sympathie malsaine et romanesque pour les misérables êtres
qui, exposant leur vie, allaient et venaient, mu-
nis de faux passeports, pour gagner la prime
aux hécatombes, aux naufrages, aux catas-
trophes. Car chaque attaque de paquebot par
les sous-marins et chaque surprise sur les points
faibles du front étaient la conséquence de quelque communication du service de l'espionnage.
Les chefs militaires sont seuls à savoir la tragique importance que peut revêtir un détail
insignifiant à nos yeux. C'est pourquoi ils
n'éprouvent point de ces compassions qui nous
font frémir, nous autres, quand nous entendons
prononcer d'inexorables sentences. Écoutez ces
paroles adressées par l'un des juges qui condam-
nèrent Mata Hari, le commandant Chatin, à son
camarade Massard : « Permettez-moi de vous
féliciter pour votre catégorique réponse à la personne qui essaie de réhabiliter l'espionne H. 21.

Sur quoi cette personne base-t-elle sa défense?
Je fonde ma certitude de la culpabilité sur les
preuves que j'ai eues en mains et sur les aveux
mêmes de cette immonde espionne qui fit peut-
être tuer plus de cinquante mille des nôtres,
sans compter ceux qui périrent en mer à cause
de ses indications. » Ce ton de haine qui ne
désarme pas, même devant un tombeau vous
surprend?... Eh! moi aussi, il me surprend ; mais
c'est probablement parce que nous ne réussis-
sons pas tout à fait à nous mettre à la place
d'un de ces durs soldats qui, durant quatre
ans, vécurent obsédés, non seulement par les
balles qui venaient du front adverse, mais aussi
par les poignards qu'ils sentent menaçants derrière leur dos. « Ces êtres » — dit le Commissaire du Gouvernement au cours du procès Mata
Hari — « ces êtres abjects et féroces qui pré-
parent dans l'ombre les tueries et se servent de
leur beauté pour contribuer à l'œuvre destruc-
trice de nos ennemis, ne méritent que la mort ;
ce sont des créatures diaboliques et macabres. »
La plus épouvantée d'entendre ces paroles, ce
fut certainement la ballerine ; et c'est qu'il y
avait chez elle, comme il y a chez la plupart de
ceux qui se consacrent à l'espionnage aux époques de tourmente, une sorte d'inconscience qui

ne lui permettait pas d'apprécier le mal commis
en livrant aux agents allemands les secrets
qu'elle surprenait en France. Pour sa curiosité
maladive et perverse, sonder l'âme des héros
qui allaient, entre deux combats, chercher dans
son alcôve un peu d'oubli, doit avoir été un jeu
auquel son instinct d'aventurière vaniteuse s'in-
téressait, sans qu'elle mesurât les conséquences
de son acte. Cela la flattait, sans doute, que von
Kaisen et von Kron, grands chefs des services
de l'espionnage allemand à Madrid, lui disent
qu'elle était la seule femme capable d'obliger
d'importants personnages français à enfreindre
leur consigne. La conviction était certainement
agréable à son amour-propre que, grâce à sa
beauté, elle convertissait les guerriers les plus
téméraires en pantins prosternés qui, sans même
s'en rendre bien compte, lui livraient des lam-
beaux de leur patrie. L'idée l'emplissait d'orgueil que, grâce à sa subtilité, elle saurait toujours cacher à tous ses manœuvres. Mais il est à
présumer que, si une voix grave lui avait dit à
l'oreille, au moment où venait de la quitter
quelque aviateur étourdi ou quelque ministre
ingénu, qu'en livrant les secrets surpris, elle
allait causer bien des douleurs, bien des larmes
et bien des deuils, sa conduite lui eût fait hor-

reur. Mieux : il est certain que sa surprise, en
face de la réalité de ses crimes, eût été immense
et cruelle. Il n'y a qu'à se rappeler les dépositions des personnes qui avaient été à son service
pour le comprendre. « Elle était très bonne, très
généreuse, très charitable, très sensible aux
malheurs d'autrui. » Ainsi s'expriment ses
anciens serviteurs. Et ses amants, même ayant
été victimes de ses intimes perfidies, sont for-
cés de reconnaître qu'elle était une femme
franche, noble, de caractère brusque, d'humeur
variable, mais toujours capable de tendresse et
d'affection.

VI

DEVANT LE CONSEIL DE GUERRE

Plus de sept années se sont écoulées déjà
depuis le matin d'automne où Mata Hari se
dirigea, souriante et dédaigneuse, vers le fossé
du château de Vincennes... Sept ans... Et, cependant, loin de se confondre avec les ombres
floues formant le cortège de celles qui, pendant
la grande guerre, furent condamnées comme
espionnes, sa figure prend un relief chaque jour
plus marqué. On publie des romans sur sa vie ;
on écrit des drames sur sa mort ; on discute avec
chaleur les péripéties de son procès ; on invente
des légendes pour compliquer son histoire. Est-ce, comme d'aucuns le prétendent, uniquement
parce qu'il s'agit d'une belle femme et d'une
artiste ?... Mais la Tichelly, Otilia Moss, Marguerite Schmidt et d'autres qui la précédèrent
ou la suivirent sur le chemin de la prison,
furent aussi de belles femmes. Est-ce pour le
courage serein de ses derniers moments ?...
Mais la Francillard ne fut pas moins coura-

geuse... Est-ce pour ce que présentent de romanesque ses amours et ses intrigues mondaines?... Plus romanesques que les siennes, plus pathétiques aussi, furent les intrigues et les amours de son amie Maroussia Destrelles... Qui se souvient pourtant de toutes les malheureuses protagonistes de la tragédie judiciaire?... Par contre, le monde entier s'intéresse à Mata Hari ; Mata Hari devient peu à peu un symbole ; Mata Hari est l'objet d'un culte. Pourquoi? Probablement à cause du mystère de sa vie et de sa mort.

Tout est sombre, tout est confus, tout est énigmatique dans ses actes. Et cette fois je ne fais pas allusion à ce que romanciers et dramaturges nous content de ses aventures, mais à ce qui se dégage du compte rendu officiel des audiences du conseil de guerre. Car ce compte rendu existe ; il a été résumé récemment par le commandant Massard qui, en 1917, exerçait les fonctions de chef du Quartier Général de la Place de Paris. Voici le début de ce document :

« Recevoir l'ordre de faire exécuter un homme, ou une femme, cause toujours une impression désagréable. L'ordre concernant Mata Hari ne m'émut pas outre mesure. En effet j'avais assisté aux deux audiences secrètes du tribunal militaire et je savais pourquoi et comment la célèbre danseuse avait été condamnée. Le troisième conseil de guerre était présidé par le distingué colonel Semprou, l'ancien chef de la garde républicaine, et siégeait dans la salle de la cour d'assises. Le huis clos était absolu. Personne absolument n'avait pu pénétrer dans la salle et j'étais le seul officier autorisé à assister aux débats. Les sentinelles ne laissaient pas approcher des portes à moins de dix mètres, et aucun bruit du dehors, aucune influence non plus, ne venait troubler le calme et la majesté de cette justice militaire, si redoutable en apparence, mais si froide et impartiale au fond. Avant de commencer, prévenons le lecteur que, si nous allons donner des détails — les plus exacts — sur la pièce, comédie et drame, dans laquelle Mata Hari a joué en grande vedette, il nous sera impossible de tout dire, parce qu'il y a encore des choses qui n'appartiennent pas au public, et qu'il n'y a pas lieu de révéler les noms de certains Français — de bons Français — qui ont été mêlés à la vie de la danseuse. Comme je l'ai dit en tête de ce livre, la vérité n'en sera pas moins dévoilée, et présentée toute nue — comme la danseuse aimait elle-même à se montrer. »

Plus tôt que nue, il faudrait dire décharnée. En bon soldat, le commandant Massard
semble n'attribuer d'importance qu'aux faits
matériels, dédaignant comme trop fugaces et
trop subtiles les nuances psychologiques qui
présentent pour les moralistes, quand il s'agit
de sonder et de scruter des âmes tragiques, un
intérêt capital. Ainsi la vie artistique de l'accusée, ses aventures amoureuses, son origine,
sa mentalité, ne constituent pas pour lui des
antécédents dignes de long examen. Les mobiles mêmes qui peuvent avoir déterminé les
crimes retiennent à peine son attention.
« Attendu que cette femme avait reçu de l'argent
des Allemands — se dit-il sans cesse — il n'y
a pas lieu de chercher ailleurs les motifs de sa
faute. » Ce qu'il se propose, c'est de nous la
montrer au banc des accusés telle qu'il l'y vit.
Et la vérité est que, malgré son noble désir de ne
se laisser entraîner par aucune passion, il lui est
impossible de cacher son mépris et son antipathie pour celle qui, à ses yeux, n'est qu'une
odieuse espionne, incapable du moindre élan
loyal. Et cependant on trouve dans son propre
récit des pages démontrant que ceux qui attribuaient à la fameuse ballerine des sentiments
délicats et désintéressés, ne nous trompaient

point. « On avait trouvé chez Mata Hari — dit Massard — beaucoup de lettres d'officiers, d'aviateurs, et de notabilités parisiennes. L'une de ces lettres émanait d'un ministre de la Guerre... Nous n'en dirons pas plus pour ne pas le désigner et, en cela, faire comme Mata Hari. La lettre qui figurait au dossier parlait des événements du jour et de choses très intimes. Le président, debout, en avait commencé la lecture... Mata se leva tout à coup et dit : « Ne lisez pas cette lettre, monsieur le colonel. » « Je suis forcé de la lire. » « Alors ne faites pas connaître la signature. » « Et pour cela ? » « Parce que, répliqua Mata, parce que le signataire est marié, et que je ne veux pas être la cause d'un drame dans une honnête famille. Ne dites pas le nom, je vous en prie. » Massard avoue que le colonel Semprou, ému, eut une minute d'hésitation devant cette sincère prière. Lui, par contre, se contente de sourire ironiquement, et il renoue tout de suite le fil de son récit.

Il est d'une terrible froideur, ce récit :

— Le jour de la déclaration de guerre, dit le Président à l'accusée, vous avez déjeuné avec le préfet de police de Berlin, puis vous l'avez accompagné dans sa voiture, au milieu de la foule qui vociférait.

7

— C'est exact, répond Mata Hari. J'avais connu le préfet de police dans un music-hall où je dansais. En Allemagne, la police a le droit de censurer les costumes des artistes. On avait écrit dans les journaux que j'apparaissais presque complètement nue, et le préfet vint examiner ma toilette. C'est ainsi que nous entrâmes en relations.

— Très bien. Peu après, le chef de l'espionnage allemand vous chargea d'une mission de confiance et vous remit trente mille marks.

— C'est exact, quant à la personne et à la somme. Ce haut fonctionnaire me remit bien trente mille marks, non pas en paiement de services de la nature de ceux que vous indiquez, mais en paiement de mes faveurs. Le chef de l'espionnage allemand était mon amant.

— Nous le savions déjà, mais cette somme, pour un simple cadeau galant, nous paraît, à nous autres, quelque peu exorbitante.

— A moi, pas... Jamais, personne ne me donna moins.

— Tant mieux !... De Berlin, vous vîntes à Paris, en passant par la Belgique, la Hollande et l'Angleterre. Que veniez-vous faire à Paris ?

— Je venais surtout surveiller mon déménagement de la villa de Neuilly.

— Tout de suite après, sous prétexte de servir dans une ambulance, vous séjournez sept mois dans la zone des armées.

— A Vittel, où je n'étais pas infirmière, je voulus me dévouer en donnant mes soins à un militaire russe, le capitaine Marov, aveugle de guerre. Mon désir était de racheter ma vie de péché au chevet d'un malheureux que j'aimais.

Arrivé à ce point de son récit, le commandant Massard doit s'incliner devant la réalité, en reconnaissant que les rapports de police signalent que la bayadère perverse, la courtisane sans âme, la femme qui jusqu'alors avait avoué que ses faveurs étaient un article de luxe pour millionnaires affolés, montra une tendresse exemplaire dans ses relations avec l'infortuné guerrier moscovite. « Elle le soignait avec affection », dit-il, « et lui donnait même de l'argent. » Caprice passager ? Non pas. Après être restée près de lui pendant longtemps, elle ne cessa pas de lui écrire, ni de la prison, ni du bord même de la tombe. Plus loin, nous verrons, en effet, qu'au moment de quitter sa cellule de Saint-Lazare, à l'heure suprême où le peloton d'exécution l'attend dans les fossés du château de Vincennes, la seule chose qu'elle sollicite, c'est l'autorisation d'écrire un dernier adieu à l'être aimé.

Un diplomate russe, très connu à Paris, le comte Ignatief, se propose, dit-on, de publier plus tard les notes intimes du capitaine Marov pour montrer que cet homme, aujourd'hui retiré dans un hospice ou un couvent, n'a jamais cessé de croire à l'innocence de celle qui fut, pour lui, un ange. Cela, le commandant Massard ne l'ignore certainement pas, puisqu'il parle dans son livre de ceux qui, trompés ou aveuglés, continuent à douter de la culpabilité de Mata Hari. « De pareils doutes — affirme-t-il — sont sans fondement aucun ; nous le verrons plus loin. »

Une des preuves morales que les accusateurs de Mata Hari invoquent contre elle, c'est le vif désir qu'elle montra toujours de pénétrer dans l'intimité de militaires. Elle-même confessa ce désir quand, au cours des débats, elle répondit au président du conseil de guerre :

— Les hommes qui n'appartiennent pas à l'armée ne m'ont jamais intéressée. Mon mari était capitaine. L'officier est, à mes yeux, un être supérieur, un homme qui vit en pleine épopée, toujours prêt pour toutes les aventures, pour tous les périls. Quand j'ai aimé, ç'a été toujours des militaires braves et courtois, et sans jamais me soucier du pays auquel ils appartenaient, car pour moi les guerriers forment une race spéciale qui plane au-dessus des autres mortels.

En entendant ces paroles, le président du conseil de guerre, qui apparaît à travers les débats comme un soldat simple et loyal, incapable de haines préconçues, de préjugés, d'antipathie, murmure :

— Le fait est que, dès votre arrivée à Paris, on ne vous vit qu'en compagnie de militaires. Les aviateurs, spécialement, semblent vous avoir inspiré une extraordinaire affection. Eux aussi vous recherchaient, vous flattaient, vous courtisaient. Comment arriviez-vous à leur arracher, sans qu'ils s'en rendissent compte, les secrets dont ils étaient dépositaires. Mystère d'alcôve... Mais il est évident que vous indiquiez à l'ennemi les points où nos aéroplanes déposaient nos agents chargés de surveiller les avancées du front. C'est ainsi que vous avez fait tuer un très grand nombre de nos soldats.

— Je ne nie pas — répond-elle — d'avoir continué, étant à l'ambulance, de correspondre avec le chef de l'espionnage allemand qui se trouvait en Hollande. Ce n'est pas de ma faute s'il occupait cette fonction. Mais je ne lui parlais pas de la guerre, je ne lui fournissais aucun renseignement.

Mata Hari ne se déconcerte jamais, malgré la gravité des accusations qui pèsent sur elle. Sa sérénité renverse ceux qui la contemplent. Il n'y a pas le moindre tremblement dans sa voix, ni la plus légère pâleur sur son visage. Très droite, voire un peu raide, elle semble parfois se sentir humiliée par le ton des questions indiscrètes que lui pose le commissaire du Gouvernement. Le scepticisme de ses juges quand il s'agit des sommes qu'elle prétend avoir reçues, non pour son salaire d'espionne, mais pour prix de ses faveurs, l'irrite. Ses regards deviennent par moments durs, haineux, méprisants; ses gestes prennent une impertinence théâtrale. « Tout est étudié, calculé ! » — murmurent ceux qui la voient en de si tragiques moments. Mais quand on examine la scène avec attention, on remarque que ses attitudes sont naturelles. Elle est ainsi faite. A-t-elle conscience seulement de ce qui lui arrive, de ce qui peut lui arriver, du danger qu'elle court ? Au début tout au moins, on croirait que non. Ces sourires de dédain avec lequel elle écoute certains passages du réquisitoire, cette superbe avec laquelle elle interrompt le

commissaire du Gouvernement, cette coquetterie avec laquelle elle dispose les plis de sa
jupe au moment de s'asseoir sur le banc des
accusés, tout cet apparat, en somme, qui fait
sortir le commandant Massard de ses gonds, et
qui indispose peut-être contre elle les membres
du conseil de guerre, est la manifestation
spontanée d'une seconde nature née à la
chaleur des hommages mondains. Ce qu'on
appelle le pli professionnel finit par prendre
des proportions morbides chez ceux qui, à force
de se voir aduler et de s'entendre applaudir,
arrivent à se croire des êtres supérieurs.

En tout cas, Massard lui-même en convient,
l'attitude de Mata Hari devant ses juges ne
manque ni d'élégance, ni de beauté.

« Très grande » — dit-il — « svelte, le visage
un peu en lame de couteau, elle avait, par
moments, un air rêche et désagréable, malgré
ses beaux yeux pervenche et ses traits réguliers.
Dans sa robe bleue, décolletée en pointe très
bas, avec son chapeau tricorne coquettement
militaire, elle ne manquait pas d'élégance, mais
elle était totalement dépourvue de grâce, ce
qui paraîtra surprenant pour une danseuse.
Elle était tellement allemande de forme et de
cœur... Ce qui frappait chez elle, c'était son

air résolu et la forte intelligence dont elle faisait preuve à chaque instant. »

Cette intelligence, énergique et subtile à la fois, se fait jour, en effet, dans toutes ses réponses. Quand, au cours de l'interrogatoire, le colonel Semprou lui dit : « Supposons que vous ne soupçonniez pas l'importance de ce que vous écriviez ; mais vous saviez fort bien à qui vous adressiez vos lettres », elle comprend qu'il lui faut avouer l'évident, afin de pouvoir nier le plus grave. Alors, payant de cynisme, elle se compare à Messaline et proclame que ses amours, avant la rencontre du capitaine Marov, ont toutes été des affaires, rien que des affaires soumises à une taxe fort élevée. Et si on lui fait remarquer qu'étant posés de tels principes, il y a quelque chose de surprenant dans son constant désir de séduire des officiers et des hommes politiques, au lieu de jeter son dévolu sur des banquiers et des millionnaires, elle assure, en souriant, que les plus riches ne sont pas toujours les plus généreux. Et elle ajoute :

— A tous les points de vue, les officiers planent au-dessus des autres hommes...

C'est son éternel refrain.

Simple désir d'expliquer d'une façon galante sa conduite dans les divers pays où on l'avait

toujours vue en compagnie d'officiers ? Dessein
ingénu de flatter les membres du conseil de
guerre ? Peu importe. De simples soupçons basés
sur cet enthousiasme pour l'uniforme ne constituent pas des preuves de culpabilité. Il y a plus :
une femme peut évidemment aimer un criminel
sans cesser pour cela d'être, elle-même, innocente.
Aussi le colonel Semprou ne se montre-t-il ni
ironique, ni dur, en entendant les explications
de l'accusée. Mais un moment vient où elle
s'écrie :

— Courtisane, oui, je l'avoue... Espionne,
jamais !

Alors, tranquillement, sans élever la voix, le
président lui dit :

— A Paris, dans certaine circonstance, vous
sentant surveillée, vous sentant perdue, l'idée
vous vint d'aller offrir vos services au chef de
l'espionnage français.

Pâle cette fois, la ballerine se tait. Aux yeux
du prétoire qui la juge, l'offre de servir la France
ne constitue pas un délit. Une autre, moins subtile, se fut empressée de s'accrocher à cette
branche pour essayer de se sauver. Elle, au
contraire, comprend que tout son système de
défense est à la merci de la réponse qu'elle va
faire. Comment expliquerait-elle son arrogance

d'artiste et de courtisane offensée, s'il lui deve-
nait impossible de se proclamer incapable
d'exercer un métier vil ? A une Française, il
resterait, certes, le recours d'établir une différence
entre le service, si indigne soit-il, rendu à la
patrie et le service doublement infâme rendu à
l'ennemi. Mais l'accusée n'est pas Française ; elle
n'est même pas une de ces étrangères qui,
habitant constamment Paris, finissent par se
franciser au point de sentir, comme beaucoup de
celles qui servirent dans les ambulances, que
la France est leur seconde Patrie et même,
parfois, la patrie de leur cœur. Non. Mata Hari
est la cosmopolite parfaite ; celle qui n'éprouve
pour les pays ni haines, ni préférences ; celle
qui se trouve aussi bien à Madrid qu'à Berlin,
et à Rome qu'à Londres. Elle l'a déjà proclamé
en parlant de son âme neutre et de son penchant
pour l'uniforme militaire sans distinction de
nationalités.

— Est-ce exact ? — demande le président.

— Oui, c'est exact ; mais il faut tenir compte
qu'à cette époque j'étais sans argent... C'est uniquement cela qui m'a poussée à offrir mes services à votre pays.

De toutes les preuves qui semblent irréfutables
à Massard pour mettre en évidence la culpabilité

de la bayadère, la seule qui me paraisse vraiment importante, est, je l'avoue, celle-là. Pour toutes les autres questions graves, embarrassantes, Mata Hari trouve une explication. Ses relations avec le chef de l'espionnage allemand? Amoureuses, rien qu'amoureuses... L'argent reçu d'une ambassade ? Paiement de ses faveurs. Les juges peuvent juger cela absurde. Peu importe. Tant qu'un doute subsiste, il doit profiter à l'accusé. Seulement, cette fois, il n'y a plus de doute possible : Mata Hari avoue qu'elle fut une espionne. Pour le compte de la France ou pour le compte de l'Allemagne, moralement, pour une Hollandaise, la différence est nulle. A partir de cette terrible minute, Massard nous paraîtra moins cruel, moins partial.

Très courtoisement, comme en s'excusant d'avoir à poser à une dame des questions aussi désagréablement indiscrètes, le colonel Semprou interroge :

— De quelle façon pensiez-vous vous rendre utile à la France?

— En mettant à profit pour elle mes relations, — répond Mata Hari. C'est ainsi que dès le début j'ai indiqué au chef du Deuxième Bureau les points exacts de la côte du Maroc où les sous-marins allemands débarquaient des armes, ce qui me paraît important.

— Très intéressant, en effet! murmure le Commissaire du Gouvernement, Mornay, qui ne réussit pas toujours à contenir son impatience et sa mauvaise humeur.

Puis, élevant la voix :

— Ces points que vous indiquiez, vous ne pouviez les connaître qu'en étant en relation avec des Allemands.

Déconcertée, la ballerine essaie d'expliquer l'inexplicable, assurant qu'elle sait ce qu'elle sait pour l'avoir entendu dire dans un banquet de diplomates, une nuit de grande fête, elle ne se rappelle plus où.

— Après tout — conclut-elle — je ne suis pas Française, je n'ai aucun devoir de conscience envers ce pays-ci... Mes services étaient utiles; c'est tout ce que j'ai à déclarer... Je ne suis qu'une pauvre femme traquée par des officiers peu galants, désireux de me perdre en me faisant avouer des fautes que je n'ai pas commises...

Et d'une voix aigre, les lèvres crispées, elle crie en montrant le Commissaire du Gouvernement :

— Cet homme est un méchant !

— Calmez-vous — lui dit le président —, et permettez-moi de continuer à vous parler de ce qui se passa vers l'époque où vous avez proposé spontanément vos services à l'espionnage français. Quand le capitaine Ledoux vous demanda ce que vous pouviez faire, vous vous offrîtes, en qualité de Hollandaise, pour aller en Belgique porter des instructions aux agents que nous avions là-bas. Le capitaine vous remit un pli pour un de ces agents et vous vous embarquâtes, soi-disant, à destination d'Angleterre. De là, vous deviez passer en Hollande, puis, aussitôt après, en Belgique; or vous n'allâtes ni en Belgique, ni en Hollande, mais bien en Espagne où nous vous retrouverons tout à l'heure. Cela ne vous empêcha pas de profiter du pli qu'on vous avait confié. Vous rappelez-vous de quelle façon ?

L'accusée se tait.

Le Président redemande :

— Vous rappelez-vous l'usage que vous fîtes du pli qu'on vous avait confié pour le remettre à un de nos agents à Bruxelles ?

— Non ! — répond l'accusée d'une voix sourde.

— Eh bien! trois semaines après votre départ de Paris, cet agent dont vous aviez divulgué le nom, était fusillé à Bruxelles par les Allemands.

Arrivé à ce point du procès, le commandant Massard, argumentant avec une logique inflexible, nous montre que nous nous trouvons devant une preuve matérielle de la culpabilité de la bayadère. En effet, ses balbutiements, ses silences, ses sursauts, ses aveux mêmes soulignent sa faute.

Et cependant il y a, là aussi, quelque chose qui nous laisse encore dans le doute et en plein mystère. Cette femme, pensons-nous, ne nie pas avoir offert ses services à l'espionnage français. Qui plus est : se rabaissant jusqu'à la vénalité criminelle, elle n'invoque pour toute excuse que des besoins d'argent. Cependant, le plus probable est que ce ne soit ni par gêne, ni par cupidité qu'elle s'est présentée au capitaine Ledoux, mais par peur. Le colonel Semprou lui-même affirme que la ballerine, inquiète des soupçons qu'elle inspire à la police parisienne, se réfugie dans le Deuxième Bureau comme dans l'unique asile susceptible de la sauver. La seule chose qu'elle demande, une fois enrôlée, c'est une mission qui lui permette de sortir de France. Elle l'obtient ; et, après quelques semaines passées à Londres, elle gagne Madrid. Qu'y fait-elle ? Le Commissaire du

Gouvernement, Mornay, répond : « De l'espionnage !. » Soit; admettons cette thèse de l'accusation. Mais, alors, comment expliquer que
cette malheureuse songe, après quelques jours
de vie madrilène, à retourner à Paris?... S'il
s'agissait d'un être inconscient, incapable de
raisonner, dépourvu d'intelligence, on pourrait
à la rigueur admettre que se laissant abuser par
quelque agent captieux de la police française et
croyant qu'il lui serait facile de s'expliquer sur
l'exécution de Bruxelles, elle se soit décidée à
franchir la frontière. Mais il est avéré, au
contraire, que c'est malgré les conseils de tout
le monde, qu'elle revint à Paris, seule, avec ses
passeports bien en règle.

Voici la lettre qu'à ce sujet vient de m'adresser le Consul de Hollande à Nice, M. de With,
qui, pendant les dernières années de la guerre,
dirigea un service important à la Légation de
son pays à Madrid :

« Cher Monsieur Gomez Carrillo,

« Mille remercîments pour vos bons souvenirs. — Je regrette beaucoup de ne pouvoir
vous faire de communication sensationnelle
concernant Mata Hari. La première fois que je

la vis, ce fut en 1915, à Amsterdam, où j'étais
mobilisé. Nous étions au même hôtel (Hôtel
Victoria) et je l'y voyais souvent en compagnie
d'Allemands. Ce n'est qu'à la fin de 1916 ou au
commencement de 1917, quand je regagnai
mon poste de Madrid, que je la connus personnellement. Voici l'histoire : elle m'écrivit
qu'elle désirait me voir afin de me demander
un conseil. J'allai la trouver à l'Hôtel Ritz. Il
s'agissait simplement de se faire adresser à
Madrid des fonds qu'elle prétendait avoir
déposés dans une Banque, à Paris. Je lui conseillai d'écrire d'abord à cet établissement, et
j'ajoutai qu'en cas de difficultés, je demanderais
l'intervention de mon chef, le Ministre des
Pays-Bas. Elle ne me parla plus de l'affaire par
la suite, ni ne sollicita l'intervention de la
Légation. Comme font beaucoup de femmes
quand elles ont à demander un service, elle me
narra alors toute l'histoire de sa vie. Elle était,
soi-disant, de pure race hollandaise, fille d'un
maire de Franeker, nommé Zelle; elle avait
épousé très jeune, à seize ans, M. Mac Leod,
d'origine écossaise, officier de l'Armée des Indes
néerlandaises. Son mari l'emmena à Java, où
elle fut malheureuse, car son mari la maltrai-
tait fort. Au cours d'un voyage à travers l'Eu-

rope, elle quitta son mari, à Paris; et, n'ayant pas d'argent, voulut gagner sa vie comme modèle de peintre. Etant très nerveuse, elle ne pouvait jamais rester tranquille, et un peintre lui dit un jour qu'au lieu de s'agiter sur sa chaise, elle dansât. Elle avait vu les danses indigènes de Sumatra, et elle les imita si bien que le peintre lui conseilla de chercher un engagement dans un music-hall. Elle ne tarda pas à gagner des cachets fabuleux dans les grands concerts parisiens. Elle choisit le nom de Mata Hari, parce que ces mots signifient : Soleil d'Aurore. A cette époque, elle était une beauté.

« Autre chose qui vous intéressera peut-être plus que tout ce que je viens de vous écrire : elle était arrivée à Madrid après avoir passé quelque temps à Barcelone où, me dit un Catalan, on l'appelait : « L'homme d'affaires ». Pour quel motif? Je n'en sais rien; mais ce surnom me donna d'autant plus à réfléchir qu'elle n'avait pas de contrat en Espagne comme danseuse... Devant retourner peu après à Paris, elle me demanda un laissez-passer ou une recommandation pour les autorités françaises de la frontière, manifestant une vive inquiétude à l'idée d'avoir à franchir les Pyré nées. Je lui répondis qu'elle devait demander cette recommandation à mon chef, car je n'avais pas qualité pour la délivrer seul, et j'ajoutai qu'une personne qui a la conscience tranquille ne doit rien craindre; qu'en outre elle pourrait télégraphier à la Légation en cas de difficultés; j'insistai enfin sur ce point : pour quelqu'un qui n'aurait pas la conscience très, très tranquille, mieux vaudrait en ce moment ne pas se risquer à passer la frontière, même nanti d'une recommandation. Elle prit cela de très haut; elle se montra indignée d'un tel avertissement, ce qui m'inclina davantage encore à douter de son innocence. Cependant elle partit.

« Quelques mois plus tard, je n'éprouvai aucune surprise, malgré qu'elle eût toujours parlé des « sales Boches » et se fût montrée très francophile (quoique sans exagérations suspectes), en apprenant qu'après avoir été étroitement surveillée, elle avait été arrêtée par la police, à l'heure du thé, dans un grand hôtel parisien. L'attaché militaire à l'Ambassade de France en Espagne me dit un jour, à Saint-Sébastien, que Mata Hari avait coûté plus d'une division à l'armée française.

« A la Légation des Pays-Bas à Paris, on m'a

dit qu'au cours de son procès elle n'a jamais demandé protection aux autorités de son pays.

« Croyez, cher Monsieur...

« G. DE WITH. »

Ce document qui semble à première vue éclaircir le mystère de la culpabilité de la ballerine ne réussit au contraire qu'à l'obscurcir davantage. Comment admettre, en effet, qu'une femme intelligente ou simplement une femme qui n'est pas folle, se précipite ainsi vers la souricière, quand toutes ses connaissances, y compris les représentants officiels de son pays, la préviennent des soupçons qui pèsent sur elle? On dira peut-être qu'elle peut fort bien n'avoir attaché aux paroles du diplomate hollandais qu'un sens abstrait de conseil général donné à tous ceux qui allaient lui demander un passeport. Fort bien. Mais remarquez que déjà un journaliste madrilène, Ezéquiel Endriz, avait publié dans *El Liberal* toute une série d'articles, intitulée : *La Dame aux Fourrures blanches*, et où il parle des relations existant entre le chef des espions allemands à Madrid et la danseuse descendue à l'Hôtel Ritz. Qu'il soit possible également qu'elle n'ait point lu ces articles, je vous l'accorde, mais...

L'étrange, en tous cas, c'est que ni Mata Hari, ni son défenseur ne se servent point de cette présomption d'innocence que constitue le retour à Paris. En me plaçant dans le pathétique cas de Me Clunet, je crois que mon devoir m'obligerait à dire aux membres du conseil de guerre : « Remarquez, Messieurs, qu'au moment où elle rentre en France, cette femme n'ignore point les soupçons qui pèsent sur elle; si ces soupçons n'étaient pas vains, si cette femme n'avait pas la conscience tranquille, si elle ne croyait pas avoir donné de suffisantes preuves de son attachement à notre pays, si elle ne souhaitait pas ardemment notre triomphe, le triomphe de l'armée dans laquelle a combattu le seul homme qu'elle ait aimé et pour lequel elle se soit sacrifiée, rien ne lui eût été plus facile que d'écouter les conseils de la prudence. Rappelez-vous, Messieurs, ce que disait Victor Hugo : « Si l'on m'accusait d'avoir volé les tours de Notre-Dame, au lieu d'essayer de me justifier, je m'empresserais de mettre de l'espace entre la police et moi. » Mata Hari, accusée d'un crime pareillement fantastique, a cru que le mieux était, au lieu de prendre du large, d'accourir là où il y avait danger, afin de démontrer ainsi son innocence. » Mais l'illustre avocat qui assume le terrible honneur de défendre la bayadère préfère accorder sa confiance à l'importance des dépositions qui doivent lui être favorables. Des ministres et des ambassadeurs vont défiler à la barre des témoins pour dire leur foi en l'innocence de la bayadère; en outre, et ce n'est un secret pour personne, ce grand jurisconsulte, cet arbitre austère de différends entre nations, ce maître incontesté du barreau, s'est laissé prendre, comme tant d'autres, aux rêts étranges de la Circé, aux charmes de laquelle aucun mortel ne semble avoir opposé la résistance d'Ulysse, et il est sûr de pouvoir la sauver... Il est incroyable, le nombre des amants illustres que le capitaine Mornay reproche à la danseuse!.. Et je ne fais pas allusion aux jeunes aviateurs étourdis, non plus qu'aux fougueux officiers subalternes ou supérieurs qui ne furent, dit-on, que de pitoyables jouets d'une nuit entre ses bras insatiables. « Avant d'entretenir des relations intimes avec un ministre de la Guerre français — dit Massard — l'espionne en avait eu de non moins intimes avec le kronprinz allemand qui l'avait emmenée aux grandes manœuvres de Silésie; puis avec un des plus hauts fonctionnaires du Quai d'Orsay; puis avec le président du Conseil des ministres de Hollande, M. Van der

Linden ; puis... ». Puis, discret comme Schéra-
zade, l'historien, arrivé là, se tait, ne voulant
citer d'autres noms que ceux qui figurent au procès et qu'ont publié les journaux. Celui de Mᵉ Clunet figure parmi eux. Les uns disent : « Il l'avait
adorée et quoique au moment de son arrestation il ne conservait plus que le souvenir de ses
charmes et de ses perfidies, il voulut, par
esprit chevaleresque, lui prêter l'appui de son
prestige et de son éloquence. » D'autres croient
qu'à l'époque du procès, le défenseur était
encore un des amants de la ballerine. Cet
amour, vivant ou mort, suffit-il pour expliquer
sa foi en l'innocence de Mata Hari? Car Massard lui-même se voit obligé à reconnaître que
l'éminent juriste, dont l'âme est un miroir de
vertus civiques, conserva toujours, jusqu'au
moment de l'exécution, sa foi inébranlable. Il
convient de dire cependant que l'ancien chef du
Quartier Général de la Place de Paris ajoute :
« La candeur de cet homme est attendris-
sante, et son dévouement digne de meilleure
cause. »

Moi, ce qui me surprend, ce n'est pas la candeur, mais la faiblesse de l'avocat qui semble
vouloir n'intervenir que pour prier les juges
d'excuser les emportements de sa cliente, et qui,

aux moments graves, quand il s'agit de fournir des explications épineuses, la laisse s'embourber et patauger dans la répétition de sempiternelles phrases qui n'expliquent rien.

— A Madrid, Hôtel Ritz, — dit le Président du conseil de guerre à la ballerine — vous occupiez une chambre contiguë à celle du chef de l'espionnage allemand en Espagne.

— C'est exact, — répond-elle.

— Cet agent de Berlin vous faisait de fréquentes visites.

— Encore exact.

— Avez-vous reçu des cadeaux de cet homme?

— Mais, oui... Il était mon amant!

— Fort bien... Cet amant télégraphia à son collègue d'Amsterdam, alors que vous vous trouviez déjà à Paris, en lui disant de vous y envoyer, par l'intermédiaire de la Légation d'un pays neutre, quinze mille marks.

— A quoi bon nier?... Ledit fonctionnaire allemand préférait payer mes faveurs avec l'argent de son gouvernement.

— Le conseil de guerre prendra cette explication pour ce qu'elle vaut. Vous reconnaissez que l'argent venait du chef de l'espionnage allemand à Amsterdam?

— Parfaitement... De mon ami de Hollande

qui payait, sans le savoir, les dettes de mon ami d'Espagne.

« On ne put tirer autre chose de l'accusée — dit Massard. — Elle avait reçu « le coup du télégramme » comme un coup de massue sur la tête. Elle chancelait, blême, les yeux hagards, la bouche crispée d'où les phrases sortaient en mots hachés :

— Je... je.. vous dis que... que c'était pour... pour... payer mes nuits d'amour. C'est... c'est mon prix. Croyez-moi... soyez galants, messieurs les officiers français...

Qu'une telle réponse ait paru inutilement cynique à ses juges, cela ne devrait pas étonner l'accusée. Pourtant, en voyant errer un sourire narquois sur les lèvres du capitaine Mornay, elle tempête sur ce qui lui semble une grave faute contre la galanterie.

Ses changements d'attitude au cours du procès sont toujours brusques. Après s'être dressée en lançant à ses juges des regards de défi, elle semble, sans cause apparente, près de s'évanouir. Quand son défenseur tourne vers elle ses yeux de fidèle ami impuissant, comme pour la prier de pardonner son manque d'influence, elle lui répond par des haussements d'épaules et de moues de dépit. Aux gendarmes qui la surveillent, elle prodigue, par contre, paroles aimables et coups d'œil tentants. « Tout en elle » — dit un témoin du procès — « est un mystère. » En effet, tout ou presque tout, à tous les instants, est inexplicable, dans son caractère, dans sa vie, dans ses mobiles, dans ses gestes, dans ses affections et même dans ses paroles. Ses intimes affirment qu'elle parlait couramment cinq langues ou six. En aucune, néanmoins, elle ne réussit jamais à s'expliquer clairement. Ses phrases sont, comme ses danses, tortueuses et serpentines. Le peintre Frantz Namur, qui la fréquenta durant de longues années, nous affirme qu'elle était la femme la plus triste qu'il ait jamais vue. « Qui oserait se flatter de l'avoir devinée ? écrit-il. J'ai d'elle deux portraits, un où on la voit en toilette de ville — je ne sais pas ce qu'il est devenu — l'autre où la danseuse a posé avec un diadème indien et un collier fait d'émeraudes et de topazes. Elle est venue souvent, en effet... Ce qui frappait, ce qui étonnait chez cette femme choyée par la fortune, à qui le destin avait tout donné : grâce, talent, célébrité, ce qui étonnait, c'était une intime et lourde tristesse. Volontiers, elle demeurait prostrée dans un fauteuil et y rêvait, pendant une heure, à des choses secrètes. Je ne puis pas dire que j'ai vu sourire Mata Hari... Elle était superstitieuse comme une Hindoue. Un jour qu'elle se déshabillait, un bracelet de jade coula de son poignet : « — Oh ! cria-t-elle en pâlissant, cela me portera malheur... Vous verrez, cela me présage un malheur... Gardez-le, cet anneau, je ne veux plus le voir... ». — D'autres conservent de Mata Hari un souvenir moins triste, moins sombre, plus mondain. D'autres encore, qui ne la virent qu'en ses fêtes nocturnes, nous la peignent avec les couleurs d'un enthousiasme exalté. Mais sur quoi tous tombent d'accord, c'est sur son caractère mystérieux, brusque et changeant.

Et les témoins ? Dès les premières audiences, le défenseur nous annonce, comme capables d'éclaircir tout le mystère du procès, les dépositions de personnages cités à sa requête. La danseuse, elle-même, quand elle apprend que de ses amis les plus illustres vont venir témoigner, ne se tient presque pas de joie. Coquette et féline, elle passe voluptueusement sur ses lèvres la caresse illuminante du bâton de carmin. Une fleur, envoyée par un admirateur anonyme, égaie l'austérité de son costume bleu. Loin de repousser, comme autrefois, les bonbons que son avocat lui offre, elle les croque avec une puérile gloutonnerie. Ce n'est plus aux gendarmes seulement qu'elle sourit ; elle sourit aussi à ses juges ; mieux : Mornay, lui-même, le Commissaire du Gouvernement, en qui elle voyait tantôt un Torquemada, lui semble à présent un nouvel ami. Sans doute nourrit-elle un secret espoir.

Et Massard d'insinuer :

— Cabotinage !

Cabotinage ? Pourquoi ? Pourquoi n'y aurait-il pas quelque chose de sincère chez cette femme, quelque chose d'ingénu ? Moi, du moins, en mon désir de trouver, ne serait-ce qu'un reflet de lumière rédemptrice dans l'âme des coupables, je me demande, une fois de plus, si nous n'allons pas assister enfin à quelque scène qui nous révèle son innocence.

— Introduisez le premier témoin à décharge — ordonne le colonel.

Un monsieur à l'air distingué s'approche de la barre.

— Pourquoi avez-vous fait citer ce témoin ? — demande le Commissaire du Gouvernement.

Elle, douce, souriante, tranquille, répond :

— Le témoin occupe dans le Gouvernement français, vous le savez tous, une très haute situation. Il est au courant de ce qui se dit au sein du Conseil des Ministres et de ce qui se prépare

sur le champ de bataille. Eh bien! sans le chercher, je le trouvai à mon retour de Madrid. Il
avait été mon premier amant après mon divorce;
il était tout naturel que je le revisse avec plaisir.
Nous passâmes ensemble trois jours. Demandez-
lui si, dans l'intimité la plus absolue, dans nos
longues causeries, je lui ai posé une seule
question touchant la guerre.

Le témoin qui, à cette époque, était encore ou
venait d'être ambassadeur de France près le Roi
d'un pays allié, répond d'une voix émue :

— Jamais, au grand jamais !

— Il est bien invraisemblable — interrompt
le Commissaire du Gouvernement — que deux
personnes aient pu passer trois jours ensemble,
sans parler de ce qui nous obsède tous.

— C'est peut-être invraisemblable — répond
le témoin —; mais c'est vrai.

Et comme personne ne peut douter de ses
dires, il ajoute :

— Nous parlâmes d'art, d'art oriental.

Une flamme d'espoir brille dans les yeux de
l'accusée.

— Vous le voyez ! — s'écrie le défenseur, élevant pour la première fois la voix — Vous le
voyez, cette femme qui passe trois jours avec
un des dirigeants de notre politique et ne lui

parle même pas de ce qui peut le plus intéresser nos ennemis, cette femme est innocente !

Impassible et implacable, le capitaine Mornay réplique :

— L'accusée est assez intelligente pour comprendre qu'on ne tire pas les vers du nez à un diplomate aussi facilement qu'à de jeunes officiers ivres d'amour et incapables de se méfier d'une artiste illustre. Mais elle ne manque pas pour cela de mettre à profit l'influence du personnage qui lui témoigne de l'affection. On a dit, et il est possible que cela soit, que quelques-unes des notes envoyées par Mata Hari à ses amis de Madrid et d'Amsterdam sont écrites sur du papier à l'en-tête du Ministère des Affaires étrangères. Elle cherchait surtout par là à faire savoir à ceux qui la payaient que ses relations officielles étaient de telle nature, qu'il lui était facile de pénétrer les secrets d'Etat. En se faisant voir par d'autres espions en compagnie de l'illustre ambassadeur qui se trouve à la barre, elle se parait d'une auréole qui lui permettait de se montrer plus exigeante.

Livide, le témoin écoute et se tait. Les hypothèses du Commissaire du Gouvernement lui paraissent sans doute plausibles. Mais, en vrai gentleman, quand on lui demande s'il n'a rien à ajouter, il répète :

— Jamais rien n'a altéré la bonne opinion que j'avais de cette dame.

Et, saluant la ballerine, il se retire, aussi grave qu'il était entré.

Un autre des témoins cités est un ancien ministre de la Guerre ; mais comme il se trouve sur le front, il n'a pas répondu à l'appel de celle qui fut, suivant ses lettres, le plus profond amour de sa vie. Le président reconnaît que ce témoin a déclaré au magistrat chargé de l'instruction du procès que jamais l'accusée ne lui parla de la guerre, ni ne lui posa de questions qui aient pu lui paraître suspectes.

— Mais alors — demande le Commissaire du Gouvernement à la ballerine — qui vous mit donc au courant des préparatifs de l'offensive de 1916 ?

— Personne.

— Comment?... Vous niez avoir connu ces préparatifs?

— J'avoue qu'étant dans la zone des armées, pendant que je soignais le capitaine Marov, j'eus vent qu'on préparait une grande offensive. Je l'appris par certains officiers amis; mais remarquez que si j'avais voulu communiquer de telles nouvelles aux Allemands, ce m'eût été impossible.

— Pourtant, il est prouvé que vous continuiez à correspondre avec Amsterdam. Vos lettres étaient reçues par la Légation d'un pays neutre, qui les transmettait, les croyant destinées à votre fille.

— J'écrivais, c'est exact; mais je n'envoyais aucun renseignement sur la guerre.

— Il n'en reste pas moins que vous écriviez au fameux chef de l'espionnage allemand en Hollande. Nous le savons pertinemment, et nous savons aussi que vos lettres étaient signées : H. 21.

— Non, ce n'est pas exact.

— Pardon! C'est exact; et la preuve en est que le télégramme de l'agent de Madrid à son collègue d'Amsterdam, demandant pour vous quinze mille marks or, disait d'envoyer cette somme à l'ordre de H. 21...

Comme chaque fois que des questions l'embarrassent, Mata Hari se tait et s'agite. Sa bonne humeur du début de cette dernière audience s'évanouit. Les témoins n'ont pas réussi à apprivoiser le capitaine Mornay, ni à convaincre le colonel Semprou. Pour essayer de la sauver, le défenseur demande que l'on considère les débats comme clos et qu'on lui accorde la parole. Et pendant de longues heures, il parle, il parle avec foi, avec chaleur, avec conviction. Sa parole retrouve l'éloquence qui le rendit célèbre il y a vingt ans. Son noble visage impressionne les juges militaires, qui l'écoutent en silence, respectueusement. Le Commissaire du Gouvernement, lui-même, n'ose pas sourire de ce qu'un journaliste célèbre appelle des candeurs de vieillard amoureux.

Que dit l'illustre jurisconsulte? Sa plaidoirie n'a jamais été publiée. Mais, si j'en crois les on dit, en dehors des arguments suggérés par la danseuse elle-même, qui se proclame courtisane vénale, mais qui repousse l'accusation d'espionnage contre la France, cette plaidoirie contient une étude psychologique très aiguë et très subtile sur l'âme compliquée, inconsciente, énigmatique de cette femme. Dans le livre de Massard, il y a des pages que cet historien attribue à un graphologue et qui, je ne sais pas pourquoi, à cause peut-être de l'endroit où elles sont publiées, me semblent devoir être un écho de ce que Me Clunet dit pour expliquer ce qu'a d'inexplicable la conduite de sa cliente. « Toutes ces impulsions tumultueuses donnent à sa vie intérieure quelque chose de chaotique. Il n'est pas possible d'accorder une confiance absolue à une nature si versatile, si trépidante, si agitée, toujours prête aux résolutions extrêmes. Le frein des idées ne suffit pas à contenir ce tempérament qui s'emballe, qui ne mesure pas les obstacles, qui se livre aveuglément au caprice du destin. Rien ne peut l'empêcher de suivre le cours de ses passions. Et au milieu d'une pareille inconduite, elle paraît toujours maîtresse de soi. Son intelligence est hors de doute. Il n'y a en elle rien de vulgaire. Ses goûts sont très fins, très harmonieux. Elle comprend et sent la beauté, l'art, les idées. Et elle est séductrice par instinct, par besoin, par impulsion. Elle est incomparablement complexe. Franche, elle se complaît à mentir à ses amis. Sa vigueur est étonnante, et la force de ses véhémences telle qu'elle-même s'en effraie. » Par des considérations psychologiques de cette espèce, le défenseur vise certainement à faire comprendre aux membres du conseil de guerre qu'une femme de cette nature ne doit pas être jugée comme un soldat. Ce qui chez un être normal serait un indice de faute, n'est plus chez elle que le reflet de ses fantaisies dans une atmosphère surchauffée par la Tourmente. Beaucoup de ce qu'elle dit, elle-même, de sa vie, de ses vices, de sa vénalité, de ses intrigues, de son pouvoir magnétique, paraît invraisemblable. Cependant, tout peut être vrai. Par vanité morbide, par curiosité malsaine, pour de mystérieuses raisons sentimentales, elle a fait la conquête des chefs de l'espionnage allemand. Puis, elle a séduit les officiers français qui se sont approchés d'elle. Ce jeu des haines qui se croisent dans son lit et se confondent sur ses lèvres, lui procure une joie diabolique et enfantine en même temps.

Est-ce bien ainsi que Mᵉ Clunet s'efforce de disculper Mata Hari?...

... En tous cas, ses discours, malgré toute la subtilité et toute l'éloquence dont ils débordent, ne convainquent pas les juges. L'accusée elle-même doit s'en rendre compte, puisque, terminée la plaidoirie, elle se lève pour une déclaration suprême dans laquelle elle proclame une fois encore son innocence :

— Remarquez — dit-elle — que je ne suis pas Française, et que je conserve le droit de cultiver n'importe où les relations qu'il me plaît. La guerre n'est pas un motif suffisant pour que je cesse de me sentir cosmopolite. Je suis neutre, et mes sympathies vont à la France. Si cela ne vous suffit point, faites ce que vous voudrez.

L'audience est suspendue. Le Conseil délibère. Dix minutes après, la sentence est rendue à l'unanimité. Il n'y a eu débat ni sur le fond de l'affaire, ni sur les détails, ni sur l'application de la loi. Le Président a demandé à chacun des membres du tribunal, en commençant par celui du grade le moins élevé :

— En votre âme et conscience, êtes-vous convaincu que cette femme est coupable d'avoir communiqué à l'ennemi des renseignements et des documents, et d'avoir ainsi causé la mort de beaucoup de nos soldats?

Sans hésiter, très calmes, ces militaires ont répondu :

— Oui.

Après avoir signé la sentence, l'un des juges, un commandant, s'écrie :

— C'est horrible de condamner à mort, en pleine jeunesse, une créature aussi séduisante et d'une si grande intelligence!... Mais ses intrigues ont causé de tels désastres, que, si je pouvais, je la ferais fusiller deux fois, plutôt qu'une.

Le colonel Semprou, un peu pâle, ordonne au greffier de communiquer la sentence à l'accusée. Et la scène pathétique se déroule devant le piquet qui présente les armes :

— Au nom du peuple français...

Mata Hari va-t-elle s'évanouir?... Va-t-elle protester?... Va-t-elle crier encore son innocence?... Non. Sur les joues livides de son défenseur roulent deux grosses larmes. Elle, par contre, sourit, silencieuse, tranquille, sereine, presque indifférente, comme s'il s'agissait de quelque chose d'insignifiant qui ne mérite même pas une phrase de commentaire.

Dans l'ombre, un des gendarmes murmure :

— Celle-là saura mourir...

VII

LA LÉGENDE DE SA MORT

Anatole France dit que sur la reine Cléopâtre
il a été écrit deux tragédies latines, seize françaises, six anglaises et quatre italiennes... Dans
quelques lustres, la bibliographie théâtrale de
Mata Hari sera peut-être aussi abondante et aussi
variée que celle de la célèbre séductrice orientale. De partout, en effet, d'Allemagne, de Po-
logne, de Hollande, de Bohême, parviennent des
échos annonçant de futurs drames consacrés au
mystère de la vie et de la mort de la femme qui
semble se convertir peu à peu en un symbole
sanguinaire et voluptueux de la fatalité moderne.
Jusqu'aujourd'hui, cependant, le seul qui ait eu la
hardiesse de présenter à la scène la danseuse rouge,
c'est Charles-Henry Hirsch. Cette œuvre, comme
toutes celles du même auteur, est littérairement
superbe; mais elle est cruelle et injuste, car elle
dépouille la malheureuse fusillée de la seule
chose que ses accusateurs les plus acharnés
n'avaient pas osé lui dénier : le courage dans

toutes les circonstances de la vie, l'orgueil dédaigneux devant ses juges, l'impassibilité en face de la mort. Plus loin, en arrivant à la partie de cette histoire qui n'est pas légendaire, mais bien réelle, nous entendrons le Dr Bralez narrer les derniers moments de la condamnée avec une admiration qui rappelle celle des jeunes Athéniens glossateurs de la sublime agonie de Socrate. Pour l'instant, il s'agit de nous rendre compte des images multiples et contradictoires que le monde s'est formées de la plus fameuse des espionnes. Celle que *La Danseuse Rouge* nous offre n'est ni odieuse, ni sinistre. Elle est triste, faible, tremblante et inconsciente. Le dramaturge, dont le pacifisme se fait jour à chaque instant, ne garde pas le moindre doute sur la culpabilité de son héroïne. La femme qu'il nous présente ne nie pas ses crimes. Elle essaie seulement de les expliquer, de les excuser, de se les faire pardonner. La scène dans laquelle l'accusée, après avoir nié contre l'évidence, se décide à tout avouer, est profondément émouvante.

— Je ne veux pas mentir plus longtemps — dit-elle —. Je vais tout vous dire, comme je le dirais à la Sainte Vierge... Vous êtes les juges de mes fautes Non, c'est trop peu : de mes crimes!... Il est très difficile de s'expliquer devant des étrangers qui connaissent mal l'âme des êtres nés sous d'autres climats. Toute ma vie m'apparaît soudain. Je me vois naissant dans la plus pauvre chaumière de pauvre paysan. Ma mère, en me donnant le premier baiser, me murmure à l'oreille : « Pourquoi, pauvre créature de Dieu, fruit de mes entrailles, es-tu venue connaître la faim qui ne nous quitte pas? » En effet, dans notre maison il n'y avait presque jamais de pain. Mon père, quand il rentrait ivre, se moquait de mes cheveux et de ma maigreur. Parfois, il me frappait. J'étais maigre, parce que je ne mangeais pas tous les jours. Ma mère, pour me nourrir comme elle pouvait, me donnait un verre d'eau-de-vie le matin, quand elle savait que je n'aurais plus rien de la journée. C'était de l'eau-de-vie qu'elle volait à mon père quand il était endormi. A treize ans, je perdis ma mère et je me trouvai seule au milieu du chemin. Je ne savais déjà plus ni rire, ni sourire. Les blés étaient plus hauts que moi. Je savais qu'il n'est pas permis de prendre même un seul épi. Je me nourrissais d'herbes, et la nuit je pleurais, et les étoiles pleuraient en me voyant. Ainsi se passaient les jours, les semaines, les mois. Enfin, un homme, un jour, me dit que j'avais des che-

veux et des yeux très jolis. En l'entendant, je
sentis qu'un rayon de soleil pénétrait dans mon
cœur jusque-là si obscur. Cet homme m'emmena à Moscou où j'eus des chaussures et des
vêtements neufs. J'avais honte, car ses caresses
me répugnaient. J'avais honte, mais j'avais peur
aussi de retomber dans la misère. Il m'apprit à
lire, il m'enseigna à danser. Soudain, je connus
l'amour en la personne d'un bel étudiant pauvre
qui sortait, comme moi, de la basse classe pay-
sanne. La Police secrète l'arracha de mes bras.
Jamais je n'ai su ce que la Police politique avait
fait de sa jeunesse, de sa force, de son idéal.
Alors la peur même de cette police me fit me
livrer à elle. Pour n'être point victime de la
Police, je m'en fis la servante. On me payait
bien. J'aimais l'or comme un talisman qui devait
rendre impossible le retour de la faim, de la
misère, du froid. La Police, partout, exigeait
mes services. D'abord, je renseignai la police
russe sur des choses étrangères ; puis, je renseignai la police allemande sur des choses
anglaises ; puis l'Italie sur des choses autri-
chiennes ; puis la France sur des choses de divers
pays. J'ai connu des rois, des princes, des généraux, des ministres, des ambassadeurs. Tous
parlaient devant moi avec entière confiance. Je

répétais leurs conversations sans penser aux conséquences de mes paroles. Les frontières n'existaient alors que sur les cartes de géographie. Et pour moi, nomade et cosmopolite, elles existaient moins encore que pour quiconque. J'allais où me menaient la danse et mon caprice. Pourtant, à la déclaration de guerre, j'eus conscience de l'importance de mes actes. C'est pourquoi je voulus me retirer à la campagne, en France ; mais, là aussi, vint me dénicher la Police, la police française, pour m'obliger à la servir, pour m'y obliger en me menaçant. Après une mission en Hollande, je dus me résigner à accepter une autre mission. Étant à Bruxelles, je fus découverte, arrêtée et menacée de mort par les Allemands qui m'obligèrent à parler. Puis, pour m'arracher de leurs griffes, pour m'arracher à la mort, je dus les servir. Vous ne savez pas, vous autres, juges, ce qu'est chez une femme, la peur de la mort. Vous êtes braves, vous êtes courageux. Je ne le suis pas. Je souffris deux jours, au bout desquels j'obtins de passer en Hollande pour les servir mieux. En Hollande, la police allemande me fit savoir que ma vie était partout à la merci de ses agents secrets. J'ai été un instrument entre leurs mains, rien que cela : une malheureuse façonnée par la faim, par la terreur, par l'esclavage ; une misérable, c'est cela et rien que cela. Vierge, Sainte Vierge, ayez pitié de moi !... Intercédez pour qu'on me fasse grâce, pour qu'on ne me tue pas, ô très Sainte Vierge !

Au théâtre, dans un décor qui veut représenter un prétoire sévère, cette scène que je résume en peu de lignes et qui est le centre de gravité de la tragédie, émeut tous les spectateurs. Mais, je le répète, c'est une scène qui n'a rien à voir avec la psychologie de Mata Hari. Et je ne fais pas allusion seulement à des inexactitudes biographiques, non plus qu'à la grande inexactitude consistant à faire avouer son crime par une femme qui, d'après la chronique des tribunaux, ne cessa point de proclamer son innocence. Le dramaturge et le romancier ont sans doute le droit de retoucher les événements matériels. Ils n'ont pas le droit, par contre, d'adultérer l'âme, le caractère, ce qui constitue la physionomie morale et spirituelle d'un personnage. Et si, en Mata Hari, tout est mystérieux, c'est hormis quelque chose qui s'appelle énergie, sérénité, audace, courage. Sa mort socratique...

Je sais bien que l'éminent auteur dramatique pourrait m'interrompre pour me dire :

— Pardon! Pardon! Détruire cette légende menteuse de sa mort socratique, voilà justement le but de ma tragédie. La vérité vraie, l'unique vérité est celle que j'offre aux historiens futurs. Cette femme ne fut qu'une triste cabotine, jusque dans son cachot.

Pour nous faire accepter sa singulière version d'une exécution fictive, l'auteur n'a d'autre donnée psychologique que le fait, très romanesque et très réel en même temps, que le défenseur de la Danseuse Rouge avait été son amant et continuait de l'aimer. La conduite observée par le grand avocat pour expliquer le double caractère de son intérêt pour l'accusée, nul, en dehors des juges, ne la connaît exactement. Mais telle que la scène surgit dans l'œuvre de Hirsch, après une digne et courageuse déclaration du peintre Urbac, elle a tout l'air de n'être point qu'une pure fantaisie littéraire.

— Pour quel motif avez-vous cessé de voir la danseuse à partir de 1910 ? — demande le Commissaire du Gouvernement au témoin.

— Pour la simple raison que je ne me trouvais presque jamais dans la même ville qu'elle.

— En 1910, — ajoute le Commissaire du Gouvernement — cette femme dénonça un de nos officiers, qui se trouvait en Allemagne. Sans aucun doute, vous l'avez su.

— En mon âme et conscience, la seule chose que je puisse dire, la voici : les gens qui entouraient la grande artiste étaient, à mon goût, trop frivoles et trop bruyants. Rien de plus.

Alors, sortant de son effacement, l'avocat demande à faire une très grave révélation. Et, s'adressant aux juges militaires, il leur dit à peu près ceci : « Je connus l'accusée à Monte-Carlo, en 1907. Je l'aimai. Je l'adorai... Elle me fit connaître le royaume divin de l'amour. Deux années durant, je fus heureux à ses côtés. A l'automne de 1909, elle cessa de m'aimer, et je commençai alors à souffrir de la blessure que je porte encore au cœur. De temps à autre, nous nous voyions ; mais c'était toujours de plus loin en plus loin, à cause de mes travaux. Peu avant la guerre, le Procureur de la République, mon ami intime, me fit part des soupçons qui pesaient sur cette femme. A ces révélations, moi, égoïste, je ne pensai qu'à ma dignité sociale en péril. Et ce n'était pas là mon devoir. Mon devoir était de défendre la pauvre créature que vous voyez ici, contre ceux qui la poussaient à l'abîme, contre les guet-apens du destin. Lâchement, je ne le fis pas. J'ai pu savoir qu'elle appartenait aux vils services de l'espionnage, sans rien tenter pour l'arracher à cette horreur. Ainsi donc, ses fautes, à elle, sont, jusqu'à un certain point, mes propres fautes. Je m'accuse de complicité par lâcheté et par égoïsme, car sans mon égoïsme et sans ma lâcheté, vous ne la verriez pas aujourd'hui sur le banc d'infamie. N'oubliez pas ma part de faute en la jugeant. » Et il y a tant d'honnêteté dans les paroles de ce défenseur du droit; il y a tant de souffrance sur le visage de cet homme qui a la réputation d'être impassible; il y a tant de tendresse dans les regards de ce juriste sentencieux, que les rudes soldats composant le conseil de guerre ne peuvent cacher l'émotion qui les étreint.

Seule, l'accusée reste rigide et énigmatique.

— Introduisez un autre témoin — ordonne le Commissaire du Gouvernement, désireux de dissiper l'angoisse qui plane dans l'atmosphère.

Et tandis qu'Olga, la femme de chambre, parle de sa maîtresse avec affection, louant sa bonté infinie et son inépuisable générosité, dans la pensée des spectateurs commence à se préciser la personnalité d'une Mata Hari qui n'est plus à présent l'être quasi diabolique et tout à fait inconscient qui séduit pour séduire, qui trahit pour trahir, qui est malfaisant comme le miel est doux et comme le fiel est amer; d'une Mata Hari qui, loin d'être perverse par instinct, est née pour aimer, pour chérir, pour vivre dorlotée dans un nid tiède et douillet; d'une Mata Hari qui n'est pas l'obscure victime du Destin insondable et incompréhensible, mais la victime immédiate de la Société contemporaine, plus cruelle et plus dévoratrice que les fauves de la jungle. Le drame, dès lors, s'éclaircit et perd de son mystère troublant. Devant ses péripéties, la conscience humaine à présent ne s'émeut plus, se demandant si, en faisant fusiller la danseuse rouge, la justice, aveuglée par les circonstances, n'a pas commis une erreur. L'espionne atteinte et convaincue n'est plus qu'une de ces malheureuses qui au jeu sinistre des intrigues tragiques misent et perdent ; une sœur de Marguerite Francillard, de la Tichelly, de la Loffroy, de la Schmidt, d'Otilia Moss : une ombre de plus dans l'antre du cachot, un corps parmi les autres corps féminins de la fosse des justiciés de Vincennes. Mais, en même temps, ce qu'il y a de noble, de voluptueux et d'extraordinaire chez la femme qui vécut et mourut en artiste, ce qui fait d'elle une créature fatale et irrésistible, digne de préoccuper un Shakespeare et de séduire un Balzac, ce qui constitue son auréole, en somme, s'évanouit.

Charles-Henry Hirsch assure, dans une lettre adressée à *Comœdia*, qu'un magistrat lui dit, le lendemain de la mort de Mata Hari, que si la fameuse espionne avait montré tant de courage en face des fusils, c'est parce que quelqu'un lui avait fait croire que l'exécution ne serait qu'un simulacre. Mais ceux qui connurent la ballerine protestent contre une telle légende. Et, réellement, quand on voit à travers les documents du procès, l'énergie tranquille et tenace de l'inculpée, il n'est pas possible d'ajouter foi à l'histoire de sa peur invincible, maladive, presque hystérique, à la seule idée de la mort.

La scène où l'avocat se décide à mentir par miséricorde est celle qui révèle le mieux l'âme de la Danseuse Rouge telle que Charles-Henry Hirsch veut nous la montrer. Affolée, après la sentence, la condamnée dit à son défenseur : « Qu'on m'enferme... qu'on m'enchaîne... qu'on me torture nuit et jour... que ma vie ne soit qu'une souffrance ininterrompue... Mais qu'on me laisse vivre... Je ne veux pas mourir, non, je ne veux pas mourir... Entre quatre murs, sans pouvoir parler, et dans les ténèbres perpétuelles, je me croirais encore heureuse en me sentant vivante. Le corps couvert de plaies, aveugle, paralytique, je voudrais encore vivre. Qu'on ne me laisse que le droit de respirer ; je ne demande pas davantage... Ma peur de mourir est effroyable... » Le mot est exact : c'est une peur effroyable, une peur démente et véhémente, une peur puérile, instinctive, incapable de raisonner, une peur d'animal blessé et traqué, une peur qui crie, qui gémit, qui sanglote, qui menace, qui se traîne. Et c'est, en outre, une peur cruelle, une peur égoïste. « Pour sauver ta vie » — murmure l'avocat — « je donnerais la mienne. » A quoi, avide, elle répond : « Et, moi, je la prendrais ! » Tout, en effet, toute humilité, toute vilenie, tout héroïsme, tout l'humain et tout l'inhumain lui semble acceptable pour ne pas mourir. Les phrases consolantes de la religion, de la philosophie, de la simple expérience populaire qui savent si bien, dans les circonstances pathétiques, rendre presque agréable l'idée de la mort, n'ont pas de sens pour elle. Elle n'entend que les voix confuses et impérieuses de sa vitalité affolée par la peur. Et son exaltation atteint à un tel point, que l'austère juriste qui jusqu'alors n'avait jamais menti, lui jure que son exécution ne sera qu'une parade, et qu'au moment où retentira le commandement de

« Feu ! », un héraut se présentera pour annoncer la clémence du chef de l'État...

Par respect pour la vérité, il faut dire que, quoique romanesque et absurde, cette légende n'a pas trouvé grande créance auprès du public. D'aucuns croient que Mata Hari, coupable et convaincue, finit par avouer son crime. D'autres, au contraire, la tiennent pour victime d'une erreur judiciaire. Mais tous sont d'accord pour admirer le tranquille sourire avec lequel, un matin de l'automne 1917, elle se dirigea, sans hâte, vers le sinistre fossé de Vincennes.

VIII

LA PRISON ET LA MORT

— Puis-je dire que je l'ai connue intimement ?... En tous cas, je crois avoir été, aux
jours les plus douloureux de son calvaire, le
seul être qui pouvait lui porter en cellule
quelque chose sentant la vie et la jeunesse,
quelque chose qui n'avait rien de solennel, ni de
menaçant, ni de méfiant. Mon ministère professionnel se réduisait à peu de chose. Elle était
saine et robuste. Ce qu'elle souhaitait le plus,
l'air pur, l'eau parfumée pour ses bains, les
longues promenades, impossible de le lui procurer. Ainsi, donc, ce qu'elle me demandait
généralement, c'étaient des potions pour calmer
ses nerfs et combattre l'insomnie. Une seule
fois, déjà au bord de la tombe, elle me demanda
un verre d'alcool. Auparavant, durant son interminable détention, elle n'avait manifesté, du
moins en ma présence, aucun de ces désirs qui
tourmentent, en général, les prisonniers. Or-

gueilleuse par nature et imbue, en bonne aristocrate du Nord, des idées de hiérarchies et même de castes, elle supportait assez mal la compagnie des détenues que le règlement faisait coucher dans le même dortoir qu'elle, mais elle savait se résigner.

Ainsi s'exprime le D⟨r⟩ Bralez, médecin de Saint-Lazare, qui fut en constantes relations avec Mata Hari durant les huit mois que la fameuse ballerine passa dans cette prison.

— Je n'étais alors — ajoute-t-il — que l'aide de mon maître, le D⟨r⟩ Bizard. Mais, peut-être à cause de cela même, cette femme me parlait avec plus de confiance qu'aux autres, et très souvent m'obligeait, après la visite réglementaire, à rester quelques instants auprès d'elle. Je ne sais si ce fut par défiance ou par conviction qu'il ne valait pas la peine de se confesser à un simple interne, mais jamais elle ne me parla des crimes dont on l'accusait. Je ne sais rien de son procès que tout le monde ne sache. Si vous me demandiez : La croyez-vous coupable ? je vous répondrais : Oui, quoique avec peine à le croire. Il ne semble pas logique, en effet, qu'un être de cette nature, avec son orgueil, avec sa fantaisie, avec son amour de l'art, avec sa beauté, sa culture et son mépris de l'argent, se soit rabaissé jusqu'au point de séduire les aviateurs étourdis de Vittel, pour surprendre sur leurs lèvres assoiffées de baisers les secrets de nos opérations militaires. Cependant, il est hors de doute que les débats du conseil de guerre furent désastreux pour elle et pour sa défense. Je me rappelle lui avoir fait une visite le jour même où fut rendu le verdict ; je vous assure que son calme, son sang-froid, son indifférence, me stupéfièrent. Si j'avais été l'aumônier, j'eusse essayé de sonder son âme pour lui offrir les consolations de la foi. Mon rôle purement médical m'obligeait à observer une réserve absolue ; c'est pourquoi, après l'avoir questionnée sur sa santé, je m'éloignai de sa cellule, sans même oser lui ordonner quelques cachets de véronal pour la faire dormir. Deux jours après, je remarquai qu'elle n'en avait pas eu besoin, que ses nuits ne se ressentaient point de la perspective d'un sinistre dénouement de la tragédie où elle se trouvait compromise. Son procès s'était terminé le 24 juin. Le 27, vers 10 heures du matin, une des religieuses de la prison m'aborda avec mystère et me dit à l'oreille que Mme Mata désirait voir le docteur. « Le Dr Bizard, sans doute », dis-je. « Non ; c'est le petit docteur qu'elle veut voir. » Le petit docteur, c'était moi. Je me dirigeai vers sa cellule avec la crainte que la réaction après l'effort eût déterminé chez cette créature toute en nerfs une crise comme celles que, de son propre aveu, elle avait subies à l'époque de ses grands triomphes artistiques. Mais non, rien de cela. Ce n'est même pas en ma qualité de médecin que j'étais mandé. Ce qu'elle voulait, c'est que je lui apportasse quelques livres intéressants. Ingénument, je lui citai les noms de deux ou trois romanciers illustres, Bourget, Marcel Prévost, Rosny. « Non » — murmura-t-elle avec dédain. « Pas ça. Les histoires bourgeoises ne m'intéressent pas beaucoup. Je puis bien vous l'avouer : jamais je n'ai réussi à lire jusqu'au bout une de ces œuvres qu'on appelle romans de mœurs. Ce qui m'attire, c'est la poésie dans ce qu'elle a de mystérieux et de religieux, de légendaire et de magique. Je crois que le seul moyen de vivre en beauté consiste à nous évader des mille misères quotidiennes pour voler en plein idéal. C'est pourquoi de tout ce qui est européen je ne peux rien supporter, pas même la religion... » Là, elle fit une délicieuse moue d'enfant gâtée et s'écria : « N'allez pas, au moins, le rapporter à ces pauvres religieuses qui s'entêtent à vouloir me convertir ! Ces malheureuses ne comprendraient seulement pas ce que le mot religion signifie sur mes lèvres, et elles feraient certainement le signe de la croix si elles m'entendaient mêler les danses et même les caresses avec la liturgie... Car, moi, je suis Hindoue, quoique née en Hollande... Hindoue, oui, oui... Vous qui êtes intelligent, docteur, vous pouvez le dire : Y a-t-il en moi quelque chose d'européen ?... Non... Je suis une Orientale... Aussi, l'Orient seul m'intéresse-t-il, au fond. Quand on me parle de patries, mon esprit se tourne vers un pays lointain, où une pagode d'or se mire dans une rivière sinueuse. Je ne sais pas exactement d'où je suis... De Bénarès ?... De Golconde ?... De Gwalior ?... De Madura ?... N'importe !... Il y a un secret dans mon origine, dans mon sang... On le saura plus tard... Moi-même, je l'ai à peine percé... » Un nuage de tristesse ou de nostalgie semblait passer dans ses yeux à mesure qu'elle évoquait ainsi son illusoire berceau. Mais sur ce point aussi la réalité devient inexplicable. Ni le type, ni le caractère, ni la culture, ni le teint, ni la mentalité, rien de cette femme n'était de nos latitudes. Il y avait en elle quelque chose de primitif et de sauvage, et —en même temps —quelque chose d'hiératique, de sacerdotal, de raffiné... Un je ne sais quoi...

Le Dr Bralez cherche une phrase, une image pour condenser sa vision étrange et contradictoire. On note que, comme tous ceux qui l'approchèrent, il fut vivement impressionné par l'amalgame qu'il y avait en Mata Hari de simplicité et de complications, d'ingénuité et de calcul, de superbe et de mansuétude.

— Un de ses amants — lui dis-je pour l'aider à trouver la formule qu'il cherche en vain à combiner — nous la donne pour une enfant possédée par le démon.

— Non — me répond-il — je ne puis pas dire cela ; je ne l'ai pas connue en des circonstances propices au jeu de ses instincts féminins. Enfermée dans une étroite cellule, toujours en compagnie d'autres détenues, sans moyens de communication avec qui que ce soit, elle était, a-t-on dit, une panthère encagée. Et cela, non plus, n'est pas tout à fait exact. Une panthère, même en cage, paraît féroce. La ballerine n'inspirait pas la moindre idée de cruauté. Languide parfois jusqu'à la torpeur, et d'autres fois exaltée, fébrile, impérieuse, elle conservait toujours une sorte de bienveillance aristocratique et sensuelle qui semblait pardonner d'avance le mal qu'on lui faisait. On voyait que sa culture était profonde, non parce qu'elle était vaste, mais parce qu'elle dominait tous ses actes et toutes ses pensées, et la guidait à tous les instants de sa vie. Quand, appelé par elle, j'allai la voir, deux jours après la sentence, elle me dit : « En ce moment, je ne voudrais rien lire de nouveau. Ce que je désire ardemment, c'est relire les œuvres qui m'ont dirigée sur le chemin de l'art et de l'amour, puisque, hors de ces deux terrains, le reste n'a jamais existé pour moi. Si vous vouliez bien me complaire, il vous faudrait obtenir que le Musée Guimet vous prêtât ces œuvres, car on ne les trouve pas facilement en librairie. » Et elle commença à me parler des grands livres de l'Inde comme nous parlons, nous autres, des derniers romans du Boulevard. « Autrefois » — me disait-elle — « mes lectures favorites étaient celles qui nous enseignent à aimer la vie et à savourer les voluptés avec un sybaritisme passionné. Il y a dans le *Prem Sagar* des chapitres qui font palpiter tous nos sens et qui nous enivrent comme l'opium. Je sais par cœur des chants entiers de cet immense poème dans lequel les poètes modernes ont puisé leurs meilleures inspirations. Egalement, le théâtre de Kalidasa, par sa tendresse, et celui de ses disciples, par sa pittoresque subtilité, m'ont procuré des jours exquis. Je ris quand j'entends dire que c'est à Paris que l'art scénique atteint à son apogée. Si vous saviez ce qu'est aux Indes le raffinement psychologique et même réaliste des œuvres ! Là-bas, chaque passion a son parfum et sa couleur, et ainsi l'amour est bleu ; le plaisir, blanc ; la tendresse, rose ; l'héroïsme, rouge. Les décors changent de teinte et l'atmosphère change d'arome au fur et à mesure qu'un nouveau sentiment va dominant dans le drame. Et chaque personnage tient le langage de sa caste et de sa région, et quand ils ne se comprennent pas, un interprète, comme dans la vie courante, intervient pour leur traduire ce qu'ils se disent. En outre, ne croyez pas que ces auteurs versent dans le moule éternel des quatre actes toutes les aventures. Non. Il y a des pièces en un acte, en deux, en trois, en cinq, en sept, en douze, en vingt, suivant l'importance de l'intrigue. Et les amants s'aiment, s'aiment vraiment sur la scène. Et ils se haïssent vraiment. Et ils se poursuivent et ils s'attaquent vraiment. J'ai vu du sang sur les mains de quelques-uns d'entre eux. Ah ! et les légendes chevaleresques, les histoires de guerriers rajpoutes qui, en tunique safran par-dessus la cotte de mailles, chevauchent en quête d'aventures merveilleuses !... Et les romans où une fille de brahmanes orgueilleux s'énamoure d'un page et reste prisonnière dans une citerne, des années et des années durant, sans renoncer à l'espoir de s'échapper un jour pour courir à sa rencontre, certaine qu'elle le trouvera à la porte de la pagode où ils se connurent et dans laquelle il saura mourir en soupirant pour elle s'il ne la revoit pas !... Rien de plus poétique, de plus noble et de plus grand que ce qui nous reste de l'Inde antique !... Mais, pour me faire plaisir maintenant, point n'est besoin que vous m'apportiez le *Prem Sagar*, ni le *Bakta Mal*, ni le *Singhazan Battici*, ni le *Sundara Kanda*... Je me contenterai d'une œuvre plus modeste et plus facile à trouver. Tâchez donc de me procurer *Le Lotus de la Bonne Loi;* pas autre chose ; c'est un petit livre bouddhique qui enseigne à mépriser tout... » Je la regardai fixement, pour voir s'il y avait sur son visage quelque chose qui ressemblât à l'expression du visage d'un condamné chrétien mis en chapelle et demandant *l'Imitation de Jésus-Christ*. Mais non, rien...

Le docteur Bralez poursuit :

— Je ne trouvai dans aucune librairie *Le Lotus de la Bonne Loi;* mais un confrère de l'Hôpital Saint-Louis, très versé en littérature asiatique, me prêta, quelques jours après, une espèce d'évangile du bouddhisme, composé d'extraits du *Lalita Vistara*, du *Bouddhacarita* et de l'*Avadanasataka*. Avant de le remettre à Mata Hari, je voulus le feuilleter, et je finis par le lire en entier avec un intérêt très vif, me figurant, à mesure que le philtre du nirvâna allait pénétrant dans mon esprit, que le mystère de l'âme de la ballerine s'éclaircissait devant mes yeux à la lumière de ce pathétique mysticisme. Une des premières phrases que je trouvai en ouvrant le livre, fut celle-ci : « Le jeune martyr à qui le bourreau vient d'arracher les yeux, s'écrie : « Qu'importe, puisque j'en ai tiré tous les plaisirs qu'ils pouvaient me procurer et puisque, grâce à eux, je me suis rendu compte que tout est périssable, éphémère et méprisable ! ». Puis, je lus la parabole fameuse de la courtisane : « Le jeune Upagupta qui était un miroir de sainteté, rencontra un matin la plus belle bayadère du royaume, la glorieuse Vasavadata de Mapura ; et quand la femme vit le jeune homme, elle se sentit amoureuse et le lui dit ; mais le jeune homme s'éloigna sans tourner la tête. Quelques années plus tard, cette bayadère fut condamnée à mort, et le bourreau lui coupa les jambes, les bras, les oreilles, le nez, et l'abandonna dans le cimetière afin que les corbeaux achevassent d'exécuter la sentence. Quand Upagupta le sut, il se dirigea vers le cimetière. Et la femme, en le voyant arriver, lui dit : « Tu ne voulus point ma beauté, ni ma vie, et tu viens te repaître de mon agonie et de mes douleurs. » Le jeune homme lui répondit : « Non, ma sœur, ce que je viens voir, c'est combien peu importe la vie et combien peu signifie la beauté. » Alors elle ne sentit plus les transes de la mort, ni la douleur de disparaître ; et, se rendant compte de la peine infinie qu'il y a au fond des plaisirs, elle préféra le nirvâna et mourut heureuse. » Tout le reste était à l'avenant dans ce livre que j'ai ensuite tâché en vain de retrouver, et qui ne contenait rien que ne contienne n'importe quelle histoire de Bouddha. A chaque page, quelque mystérieuse voix, douce et sereine, y murmure les psaumes du renoncement heureux, de la béatitude du non-être, du bonheur de cesser d'exister. Et en entendant de telles voix, je pensais que si réellement Mata Mari avait été élevée dans ces principes, il n'était pas étonnant qu'elle contemplât avec une si noble sérénité, avec un si superbe dédain, la perspective de sa prochaine exécution. Car, quoi que disent ceux qui interprètent d'une façon fantaisiste les gestes du courage féminin, cette femme n'eut jamais le moindre espoir que la sentence du conseil de guerre ne serait pas exécutée. Rappelez-vous, en effet, l'implacable dureté de ces temps-là.

Le docteur Bralez a raison : après une longue période pendant laquelle des ministres imbus d'illusoires idées de mansuétude rédemptrice s'étaient refusés à voir les crimes contre la société ou contre la patrie qui se commettaient dans certains milieux révolutionnaires et cosmopolites, d'autres gouvernants, non pas plus patriotes mais plus énergiques, plus « à poigne », avaient inauguré ce qu'on appela le régime de la terreur. Le complot des Invalides ; la bande du *Bonnet Rouge* ; la mort suspecte d'Almeréyda ; l'affaire Hans Wram ; le capitaine Estève vendu aux Allemands ; le procès de Bolo pacha ; le malheureux Sedano, secrétaire du poète Ruben Dario, qui mourut dans les fossés de Vincennes, en se proclamant fils de l'empereur Maximilien ; l'adjudant mystérieux ; la condamnation de Lenoir et de Duval ; les femmes fusillées à Nancy et à Bourges ; tout ce qui pouvait impressionner le peuple et l'armée, en somme, s'accumulait en l'espace de quelques mois. Ceux qui tombaient alors entre les mains de la justice militaire payaient pour ceux qui, durant les deux premières années de la guerre, avaient bénéficié de l'esprit de tolérance prêché par d'autres. Avec sa clairvoyance, Mata Hari ne pouvait pas manquer de comprendre que c'était vaine chimère de compter sur la grâce présidentielle. Certes, son défenseur la berçait, comme on berce une enfant, de la promesse de hautes interventions. D'Espagne, de Hollande, d'Amérique, quelques voix généreuses s'élevaient en sa faveur. Les entendit-elle seulement ? En tous cas, je crois, comme le docteur Bralez, que depuis le jour où elle écouta la terrible sentence prononcée par douze loyaux soldats au nom du peuple français, son âme se prépara à affronter le dernier supplice avec une dédaigneuse bravoure.

— Sa conversation — me dit l'éminent médecin de Saint-Lazare — son intéressante conversation qui, auparavant, avait été cosmopolite et mondaine, commença soudain à devenir plus sérieuse, plus rêveuse, plus orientale... Les sentences fleurissaient sur ses lèvres comme sur celles de Sancho Pansa ; mais elles n'étaient pas de la même espèce. C'étaient des sentences apprises dans la lecture des grands livres hindoustaniques et qui lui servaient pour affirmer à chaque instant sa foi en le nirvâna. « Dès notre naissance — disait-elle, résumant ses lectures — nous sommes un squelette animé par un ressort que peut rompre le moindre choc », ou bien : « Le ver est le seul être immortel », ou encore : « Il n'y a ni vie, ni mort : il n'y a que des métamorphoses. » Mais quoique, comme je l'ai ensuite appris, ses amis l'aient toujours trouvée pédante, à cause de ces citations et de son perpétuel désir d'expliquer à la manière bouddhique ou brahmanique les arcanes de l'existence et les canons de l'art, j'avoue n'avoir jamais rien remarqué dans sa façon de s'exprimer qui me choquât par le ton solennel. Avec la plus grande versatilité, elle mêlait la poudre de riz et la métaphysique, les pratiques du plus bas occultisme et les sublimes enseignements des Vedas. Un parfum préparé d'une certaine façon, une couleur combinée avec une autre couleur en de certains jours, une parole magique prononcée avec un accent spécial, un chiffre cabalistique, une amulette, une niaiserie quelconque, en somme, suffisait pour lui faire concevoir les univers les plus inouïs d'exaltation. Je me souviens d'un après-midi où, souriant d'un air fort triste, elle me dit que, pour me récompenser de toutes mes attentions, elle était disposée à me donner les trois recettes magiques qui pouvaient le plus m'intéresser. Je lui demandai en riant : « Quelles sont-elles? » — « La première et principale permet de se faire aimer de l'être élu, quel qu'il soit... La seconde, moins noble mais plus prisée du vulgaire, est l'art de tout convertir en or... La troisième est la panacée de la santé inaltérable. » Les yeux dilatés, me regardant fixement sans paraître me voir, elle resta un long moment silencieuse après avoir prononcé ces mots. Et, vous ne le croirez pas, j'en arrivai à sentir, halluciné, que je me trouvais en présence d'une sorcière en face d'un être surnaturel pouvant réellement disposer des éléments du mystère. « Vous le voyez — ajouta-t-elle tout à coup, en secouant la tête, sans doute pour éloigner quelque mauvais pressentiment — vous le voyez : j'ai eu les trois choses, grâce à mes trois recettes et vous les aurez aussi, car vous avez été bon pour moi. » Et après avoir exhalé un soupir rauque, elle resta si sombre, si recueillie, qu'elle ne remarqua même pas ma sortie de sa cellule. D'autres fois, sa joie était enfantine, ingénue et même un tant soit peu ordinaire, vulgaire ; et c'est alors qu'on pouvait vraiment, en la voyant rire aux éclats et se flanquer des claques

sur les cuisses, songer aux figures de maritornes hollandaises. Mais son caractère, au fond,
était plutôt grave, inquiet, réservé, défiant,
passionné et contradictoire. Il y avait des
jours où, en moins d'une demi-heure, passaient par ses pupilles toutes les tourmentes
et tous les arcs-en-ciel imaginables. On com-
prenait fort bien, en l'examinant sans préjugés,
le pouvoir absolu que sa manière d'être, si
féline et si troublante, avait exercé sur ses
amants.

Ici, l'idée me vient d'essayer de pénétrer un
des nombreux mystères qui entourent l'image
de la ballerine, et demandant à mon ami le
Dr Bralez si Mata Hari fut réellement une des
plus belles femmes de son époque. Ceux qui ont
vu, chez le Dr Bizard ou dans le cabinet de Louis
Dumur, ces délicieuses photographies où la danseuse apparaît nue, telle une Vénus exotique
digne d'être chantée par Baudelaire comme
l'incarnation de tous les péchés, me diront sans
doute que sa beauté était indiscutable. Mais il
n'en est pas ainsi. Et la preuve nous la trouvons dans le témoignage de quelques-uns de
ses amis qui la peignent sous des couleurs peu
flatteuses, assurant que sa réputation, sur ce
point comme sur bien d'autres, était surfaite et

ne représentait que le triomphe du snobisme et de la réclame. « Ce qui plaisait — disent ceux-là — c'était ce qu'il y avait en elle de rare et de cher... »

— La vérité — murmure le Dr Bralez, — la vérité à mon point de vue, la vérité selon mon goût personnel, est que Mata Hari était, dans toute l'acception du terme, ce qu'il est convenu d'appeler une très belle femme. Par ses décolletés savants et ses élégances étranges, elle devait forcément causer une sensation profonde dans les salons européens où les dames cosmopolites s'extasiaient en respirant le parfum de luxure qui s'exhalait de tout son corps. Mais elle n'était pas vraiment jolie. Ses traits manquaient de finesse. Il y avait quelque chose de bestial en ses lèvres, en ses mâchoires et en ses pommettes. Sa peau brune semblait toujours ointe d'huile ou couverte de sueur. Ses seins, ses petits seins qu'elle cachait au public sous deux cupules de filigrane, étaient flasques, flétris, ridés. Seuls, ses bras et ses yeux étaient beaux d'une beauté absolue. Ceux qui assurent qu'elle eut les plus beaux bras du monde, n'exagèrent pas. Et ses yeux, ses yeux magnétiques et énigmatiques, changeants et veloutés, impérieux et suppliants, mélancoliques et puérils, ses terribles yeux dans les eaux desquels tant d'âmes se noyèrent, méritaient également l'adoration dont ils étaient l'objet. Elle, il faut l'avouer, ne parlait jamais de ses charmes physiques, et même semblait plus orgueilleuse de son esprit que de son visage. C'est pourquoi les bonnes sœurs de la prison, qui lui reprochaient doucement sa coquetterie, me faisaient sourire. Elle était moins coquette, en effet, que les pierreuses qui occupent les grands dortoirs de Saint-Lazare... C'est seulement le jour de l'exécution...

Le Dr Branlez s'interrompt tout à coup, comme si ces derniers mots éveillaient dans sa mémoire des souvenirs douloureux.

Je lui demande :

— Vous rappelez-vous un chapitre du livre de Massard, intitulé : *La Veille du dernier jour?*

— Non — me répond-il — non; je ne me le rappelle pas.

— C'est là que le brave commandant fait danser la bayadère au bord du tombeau. Elle savait comme tout le monde, dit-on, que son défenseur avait fait une suprême visite au Président de la République deux jours avant. De cette visite dépendait sa vie ou sa mort. Et

comme M⁰ Clunet était resté vingt-quatre heures
sans paraître à la prison, la condamnée, inquiète,
anxieuse, livide, ne laissait pas un moment de
repos aux religieuses qui la soignaient. « Il ne
vient pas » — disait-elle — « parce qu'il n'a
pas le courage de m'annoncer que Poincaré a
refusé ma grâce et que je serai fusillée demain. »
Sœur Marie, *une petite sœur mignonne, énergique, curieuse, parlant argot à ses détenues
quand il le fallait*, sœur Marie, quoique peu
tendre, eut pitié de cette femme comme mise en
chapelle et se proposa de la distraire : « Voulez-vous bien ne pas dire de folies! » s'écria-
t-elle. Puis, sachant qu'en sa fantastique
inconscience, l' « Hindoue », comme on l'appelait, ne pouvait résister aux flatteries rela-
tives à son art, elle lui demanda de danser
pour elle, pour elle seule. Massard termine en
disant : « Mata dansa, puis se mit à sourire et
à espérer. »

Le Dr Bralez, lui aussi, sourit.

— C'est très possible — murmure-t-il — et
en tous cas cela ressemble bien au caractère de
l'héroïne. Le matin même du 15 octobre 1917,
quand on pénétra dans la cellule n° 12 pour
l'éveiller et lui annoncer que sa dernière heure
était venue, je suis sûr qu'on eût obtenu faci-

lement de la faire danser. Tous les médecins de prison ont vu beaucoup de petits-jours tragiques. Ils ont vu des gestes tranquilles, des gestes téméraires, des gestes fanfarons, des gestes dédaigneux. Ils ont vu des sourires de toutes sortes, depuis celui qui, sur les lèvres de ceux qui tremblent de peur et d'horreur, ressemble au rictus d'un squelette, jusqu'à celui qui se crispe comme un défi d'orgueil. Mais ce qui les accueillit ce matin-là d'automne, ce qui probablement ne les accueillera jamais plus en semblable circonstance, c'est un éclat de rire d'une créature qui n'avait plus que quelques minutes à vivre. La scène a été rapportée de mille façons. Je n'y ai point assisté, sans doute parce qu'elle se déroula en un des moments où je dus sortir de la cellule pour aller à l'infirmerie. Mais je l'ai entendue conter plusieurs fois. Le défenseur s'était écarté du groupe que formaient les magistrats, pour parler bas à la prisonnière. Soudain un rire macabre, inouï, invraisemblable, émut les assistants plus que ne l'eût fait n'importe quel sanglot. « Elle est folle » — dit quelqu'un. Mais pour lui prouver qu'il se trompait, Mata, elle-même, encore enveloppée de son peignoir, s'approcha de lui et s'écria avec une joie ironique :

« Savez-vous ce que me conseille ce bon monsieur Clunet ?... Tout simplement, pour bénéficier des dispositions de l'article 27 de je ne sais quelle loi, de déclarer que je suis enceinte... C'est tordant. » Et elle riait, riait de bon cœur. Je n'ai pas entendu ce rire. Par contre, j'ai remarqué l'ironie froide de son sourire, quand, voyant que les militaires et les gardiens ne quittaient pas sa cellule quoiqu'elle eût encore à procéder à sa toilette, elle leur dit en leur indiquant la porte : « Permettez, Messieurs, que je m'habille... » J'allais me retirer, comme les autres, pour la laisser seule avec la religieuse et ses deux compagnes de cachot, mais elle me retint en disant que les médecins avaient le droit d'assister à sa toilette. Alors commença la scène qui a été mal rapportée dans tous les livres, et qui fut un monologue léger, angoissant à cause de sa légèreté même, de son ton souriant, de son calme imperturbable. Par un phénomène fréquent chez les êtres nerveux et impressionnables, cette femme qui, aux époques de sa splendeur, avait une attaque de nerfs à la moindre contrariété, semblait, en préparant son suaire de ses mains aristocratiques, plus sereine que si elle se parait pour assister à une fête. La pauvre religieuse qui, quelques semaines auparavant, dans un moment de colère dont parle Massard, avait dit : « Nous verrons si elle se montrera devant les fusils aussi crâne que devant nous », tremblait d'émotion et de surprise. Avec des yeux écarquillés, elle regardait cette étrange artiste qui se mouvait rythmiquement, sans hâte, sans sursauts et nous confiait ses dernières sensations d'une voix tranquille. « Vous avez vu » — disait Mata Hari —; « ces messieurs craignaient sans doute de me voir pleurer ou de m'entendre gémir, et ils m'ont conseillé, à mon réveil, de me montrer courageuse... Comme je dormais bien !... Un autre jour, je ne leur aurais pas pardonné de m'avoir réveillée si tôt... A quoi obéit cette coutume d'exécuter les condamnés à l'aube !... Dans l'Inde, il n'en est pas ainsi. La mort y est une cérémonie que l'on célèbre en plein jour, devant les foules couronnées de jasmins... J'aimerais m'en aller à Vincennes trois heures environ après midi et après un bon déjeuner... Enfin... je crois tout de même qu'on ne me fusillera pas à jeun... Qu'est-ce que je pourrais bien prendre, mon cher petit docteur ? » La pauvre religieuse répondit : « Un cordial ». Moi, je dis : « Un grog ». Elle me répondit : « C'est ça, un grog ! »

Quand je sortis pour aller le lui chercher, les militaires et les gardiens qui attendaient impatients et livides, m'interrogèrent. Je leur conseillai de s'armer de patience, car la prisonnière n'était disposée à sortir de Saint-Lazare que lavée, habillée, pomponnée. Quand je revins avec une bouteille de rhum et une carafe d'eau sucrée, Mata me demanda : « Quel temps fait-il ? » — « Un temps magnifique ». — « Dans ce cas » — ajouta-t-elle, en se tournant vers la religieuse — « il faut que vous me donniez mon manteau clair, le beige, celui que je portais en entrant ici... ». Et elle absorbait son grog sans hâte, mais sans essayer non plus d'allonger ses derniers moments par ces attendrissants prétextes qui obligent les criminels les plus mécréants à entendre la messe et à fumer très lentement la sacramentelle cigarette de l'agonie. Mata était comme chez elle, parfaitement calme. « La mort » — disait-elle — n'est rien ; la vie non plus : mourir, dormir, rêver, passer, qu'importe ? et qu'importe que ce soit aujourd'hui ou demain, dans notre lit ou au retour d'une promenade ? Tout est une illusion ». La religieuse, en son désir de réconcilier cette malheureuse avec Dieu, lui parlait de l'aumônier et du pasteur protestant de la prison: Mata Hari était-elle protestante? En tous cas, elle avait toujours accordé sa préférence au pasteur. Mais, au fond, sa seule religion était le pessimisme bouddhique qui, pour supprimer la douleur, supprime l'activité et qui ne voit en l'existence que douleurs et périls. Devant un petit miroir bien terni, après s'être peignée, elle se poudra le visage et la poitrine. J'ai gardé sa boîte à poudre et sa houpette. Voyant que la religieuse avait mal noué les rubans de ses petits souliers, elle se pencha pour les arranger, en murmurant doucement : « On voit bien, ma sœur, que vous ne portez pas de pareils lacets à vos chaussures... N'importe... Si vous voulez, vous pouvez à présent appeler le pasteur... Ce n'est pas que j'aie grande envie de le voir... mais puisque son ministère l'y oblige, qu'il vienne. » A ce moment, le commandant qui était entré le premier pour la réveiller frappa à la porte en criant : « Il faut se hâter ! » Mata sourit, dédaigneuse, et continua sa toilette en disant : « Vous pouvez entrer; je suis habillée ». J'ouvris et quatre ou cinq personnes parmi lesquelles se trouvaient mon chef, le Dr Bizard, entrèrent dans la cellule. Solennellement, le représentant de la justice demanda à la condamnée : « Avez-vous quelque déclaration

à faire ? » Avec indifférence, elle répondit :
« Aucune... J'ai déjà dit que je suis innocente...
Et même si j'avais quelque chose à ajouter, je
ne le dirais pas ». Le juge reprit : « Avez-vous
quelque désir à exprimer ? ». « Oui, je voudrais
voir le capitaine Marov... Mais comme il est en
Russie, je me contenterai de lui écrire, si vous
le permettez. » Puis arrangeant son chapeau et
gagnant le couloir : « Quand vous voudrez,
Messieurs ». En arrivant dans le bureau du
directeur de la prison, où étaient restés le commandant Massard et d'autres officiers, Mata
demanda une plume et écrivit trois lettres : une
pour sa fille, une pour un haut fonctionnaire
français et une pour le capitaine Marov. En les
remettant à son défenseur, elle lui recom-
manda, un peu ironique, de ne pas commettre
l'impair d'envoyer à sa fille la lettre destinée à
son amant. Et, d'un pas ferme, elle se dirigea
vers la porte où une automobile l'attendait. Je
n'allai pas avec elle, mais avec Bizard et un fonctionnaire dans une voiture de louage. Avec elle
étaient montés maître Clunet, la religieuse et
un chef de bataillon. Notre véhicule, moins
rapide, arriva à Vincennes quand la sentence
avait été déjà lue devant la condamnée. En outre,
la consigne donnée par le capitaine Bouchardon

était extrêmement sévère. Personne, ni le défenseur, ni le pasteur, ni les médecins, ne pouvaient approcher du lieu du supplice à moins d'être appelé. Ainsi, ce fut de cent pas, derrière le cordon de dragons qui formaient le carré, que je pus voir cette femme s'avancer orgueilleusement vers le poteau et se laisser attacher par la ceinture ; je la vis repousser ensuite le bandeau dont on voulait lui couvrir les yeux ; je la vis, enfin, agiter un mouchoir en signe d'adieu, et je crus que ce geste suprême s'adressait à moi. Je tremblais d'émotion. Qu'y a-t-il d'étrange à cela, puisque les gendarmes qui avaient surveillé son automobile et qui étaient des vétérans habitués à des cérémonies de cette espèce, ne pouvaient dissimuler le tremblement de leurs moustaches grises? Seul, le capitaine Bouchardon souriait méphistophéliquement, d'un air satisfait, se promenant les mains derrière le dos et murmurant des phrases que personne n'entendait. Les autres, muets, s'éloignaient des fossés sinistres avec des pas d'automates. La pauvre religieuse faisait peine à voir. L'illustre Clunet faisait pitié. Moi, je suppose qu'avec ma face livide, je devais faire rire... Durant le retour, Bizard ne me dit pas un mot ; mais comme nous allions arriver chez lui, avant de descendre de voiture, il me récita, d'une voix émouvante, les strophes fameuses de Baudelaire :

Les morts, les pauvres morts, ont de grandes douleurs,
Et quand Octobre souffle, émondeur des vieux arbres,
Certe ils doivent trouver les vivants bien ingrats,
A dormir, comme ils font, chaudement dans leurs draps,
Tandis que, dévorés de noires songeries,
Sans compagnon de lit, sans bonnes causeries,
Vieux squelettes gelés travaillés par le ver,
Ils sentent s'égoutter les neiges de l'hiver...

— Et voilà toute l'histoire — termine le Dr Bralez, en essayant de sourire...

Mais, moi, je découvre dans sa voix un grave frémissement et dans ses yeux une profonde tristesse.

IX

L'ÉNIGME DE LA CHARTREUSE

Comme il est poète, l'homme qui, dans sa
bibliothèque, à Paris, a inventé, ou du moins
enjolivé, cette dernière idylle d'un moine mystérieux qui prie dans l'ombre et d'une bayadère
défunte qui ne veut pas se laisser enterrer tout
à fait !... Ses amis le tiennent pour un simple
érudit. Mais, à moi, il me semble, grâce à une
goutte de fantaisie qui fermente parfois dans
son raisonnement, quelque chose de plus rare
et de meilleur, quelque chose qui fait penser
aux anonymes auteurs des vieilles romances
religieuses. Il s'appelle Camille Pitollet; il est
hagiographe; il a fondé le culte d'un moine
singulier qui, dans un cloître des environs de
Burgos, brille comme un personnage de vitrail...

Voici le paysage au milieu duquel nous allons
voir se dresser la figure du dernier amant de la
ballerine tragique : « Un couvent au sommet
d'une colline... Murailles de pierre grise, toits

de tuile ; tout pour la pensée, rien pour la vue. A l'intérieur de longs couloirs, frais, muets, blancs, sur lesquels s'ouvrent les cellules. Un patio au milieu duquel psalmodie, goutte à goutte, un jet d'eau ; à côté du patio, le cimetière avec ses hauts cyprès noirs. »... Vous me demandez comment s'appelle ce couvent?... Eh, bien ! c'est tout simplement la Chartreuse de Miraflores, d'où les voyageurs, guidés par Théophile Gautier, voient

> Dans le bleu de la plaine
> L'église où dort le Cid près de doña Chimène.

Mais je vous préviens tout de suite qu'il est inutile d'essayer de voir le farouche jeune homme qui prie là, nuit et jour, pour l'âme de celle qui fut sur le point de lui faire perdre l'espérance du salut éternel. Ni le frère portier, ni le maître des novices, ni le révérend père prieur, ne veulent savoir ce que signifie cette histoire. « Si quelqu'un de nos moines eut, avant de se retirer du monde, des intrigues comme celle dont vous parlez » — murmurent-ils — « il est seul à le savoir ici... » Et comme l'unique désir du pénitent est de vivre dans la paix du seigneur et de mourir dans sa miséricorde, il est peu probable que nous sachions jamais, au moins par ses propres confidences, la vérité sur ses dernières aventures amoureuses. Que dis-je ? Un prêtre de Bilbao qui avait été élevé avec lui à Deusto, le reconnut, malgré son habit, un jour, en visitant la Chartreuse, et l'appela par son nom. Le religieux, très grave, lui répondit : « Vous vous trompez, mon Père ; l'homme dont vous parlez est mort... »

Durant son existence mondaine, en tous cas, ce pécheur s'appela Pierre de Mortissac. Espagnol ?... Français ?... Anglais ?... Difficile à savoir, étant donné l'imprécision des renseignements qu'on a pu recueillir sur lui. La seule chose certaine, c'est qu'ayant été éduqué par les jésuites cosmopolites des provinces vascongades, il parlait plusieurs langues d'impeccable façon. Il possédait un hôtel particulier à Paris, une maison de campagne aux environs de Londres et un chalet somptueux à Saint-Sébastien. Son immense fortune lui permettait de satisfaire toutes ses fantaisies, et son caractère aventureux le poussait sans cesse vers des intrigues dont il ne sortait pas toujours sain et sauf, malgré son adresse téméraire. Une profonde cicatrice qui sillonne son front, maintient vivant sur son visage le souvenir d'une de ses plus grandes folies. Mais, en général, ses duels, comme ses

entreprises galantes, ne laissaient de traces san-
glantes que sur la poitrine des autres. Tel Don
Juan, il séduisait pour séduire, pour satisfaire
de sataniques appétits de luxure, sans jamais
s'arrêter à considérer les conséquences de ses
fantaisies. En sa cruelle frivolité, il croyait que
l'existence était une sorte de tournoi dans lequel
tous les jeux, tous les stratagèmes et toutes les
incontinences sont légitimes chaque fois qu'il
s'agit de mener à bien une aventure amoureuse. Une fois, cependant, son âme, qui était
née dévote, fut sur le point de connaître le
repentir, avant qu'il eût trente ans. Une enfant
de quinze avrils, de la plus noble lignée
anglaise, s'était suicidée chez lui, après y avoir
passé une nuit en sa compagnie, et en lui laissant ce billet écrit de son propre sang : « Je te
pardonne parce que je t'adore ; mais je com-
prends dans mon délire que tu n'as pas de
pardon à attendre de Dieu. »... Alors, fuyant
ses amis, ne paraissant jamais dans les clubs
de Pall Mall, il avait mené, pendant quelques
mois, une vie de complet isolement. Et c'est en
vain que ses intimes, qui connaissaient la
cause de sa retraite, essayaient de le ramener
dans le monde. « Tous les hommes réunis »
— disait-il — « ne réussiront pas à me décider

à renoncer à ma solitude. » Une seule femme,
par contre, y suffit. Fut-ce la fameuse lady H.,
dont la fugue se commente encore dans les
aristocratiques salons londoniens comme l'un
des plus invraisemblables scandales galants de
ce siècle ?... Fut-ce la petite princesse russe
qui, pour suivre son séducteur dans un voyage
en Orient, se déguisa en homme?... Fut-ce cette
ballerine sévillane que les Anglais avaient sur-
nommée Perle Andalouse, et qui, après avoir
dédaigné les partis les plus éblouissants, après
avoir repoussé force comtés et force millions,
alla se prendre dans les rêts du satanique
Tenorio cosmopolite?... Je l'ignore, et il est fort
probable que Camille Pitollet ne le sait pas non
plus. Mais l'indubitable est qu'une fois sa première tristesse passée, Pierre de Mortissac se
laissa entraîner par son destin avec une inconscience et une insolence absolues. Les conseils
de ses anciens maîtres qui, en le voyant livré
à une perpétuelle orgie, essayaient de le
ramener dans le droit chemin, n'avaient que le
don de le faire rire. Ses caprices étaient ses
seules lois. A Paris, où il vint après l'aventure
de lady H., il commença par donner un bal
japonais où chaque invité devait porter un
kimono décoré par un peintre. Quel bruit fit,

dans certains cercles, cette fête où tout était de laque, de porcelaine, de soie ou de bambou! Le souper, servi par terre, dans des plats de Satsuma placés sur des nattes blanches, se composait uniquement de mets que n'avaient jamais dégustés des Parisiennes. Dans les tasses translucides comme des coques d'œuf, ne se servait que ce nectar terriblement enivrant, moitié vin et moitié eau-de-vie, et qui s'appelle le *Saké*. Le kimono de l'amphitryon avait été décoré par un grand peintre espagnol, Anglada ou Zuloaga, et sur ceux des invitées les plus distinguées, se lisaient, parmi d'étranges figures asiatiques, les signatures des plus glorieux artistes de Paris, de Rome, de Vienne, de Londres.

Puis, à la suite d'une altercation sans importance, il eut quatre duels dans la même semaine, et ses témoins, qui étaient Georges Breittmayer et Étienne Laberdesque, parlaient avec le médecin qui l'accompagnait dans ces périlleuses aventures et qui est notre illustre ami le Dr. Gottschalk, de son élégance sur le terrain comme d'un spectacle digne d'être offert à l'admiration du monde entier.

— Ce qui m'étonne — disait Laberdesque, c'est qu'il ne se soit pas encore fait tuer.

A quoi Gottschalk répondait :

— Ce qui m'étonne, moi, c'est qu'il n'ait pas tué tous ses adversaires.

Et en même temps qu'il exposait ainsi sa vie, il effeuillait son cœur pour l'offrir, pétale par pétale, aux belles dames qui avaient le malheur de le rencontrer sur leur chemin. Dario Niccodemi, qui le connaissait et le fréquentait, s'émerveillait de ce que, n'étant ni beau, ni artiste, il jouît pourtant d'un tel pouvoir de séduction, qu'aucune belle n'y pouvait résister.

Tous ces renseignements sur sa vie mondaine, ce n'est pas Camille Pitollet qui me les fournit. L'hagiographe de Pierre de Mortissac semble ne connaître que d'une façon vague l'existence de son héros avant l'époque où la fatalité le fit s'éprendre follement de celle qui, l'initiant aux secrets monstrueux de la luxure indoue, le fit renoncer à ses entreprises donjuanesques pour ne plus délirer qu'entre ses bras. Et même de ces amours, ni Pitollet ni moi, nous ne savons rien, non plus. Où commencèrent-elles? Et quand? Avant la déclaration de guerre?... Ou, au contraire, furent-elles postérieures à l'idylle de Vittel où la bayadère semblait si énamourée d'un officier russe?... Mystère!...

Mais, à partir du moment où Mata Hari est arrêtée comme espionne et où son amant jure de la sauver, dût-il y laisser sa fortune et sa vie, c'est Camille Pitollet qui découvre tout pour créer cette fleur mystique qui semble, en sa splendeur pénitente, cueillie dans le jardin où Jacques de Voragine cultiva les roses mystiques de sa *Legenda Sanctorum*.

— L'histoire véritable de la découverte du crime de Mata Hari — me dit-il — celle des raisons secrètes de sa condamnation, celle du complot ourdi par Pierre de Mortissac pour arracher la ballerine à la mort, constituent une trilogie que personne n'écrira probablement jamais et qui, si elle pouvait être publiée aujourd'hui, reléguerait dans l'ombre les histoires des plus fameuses aventurières, depuis Hélène jusqu'à nos jours.

Et il ajoute tout de suite :

— En vérité, l'intrigue imaginée par Sardou pour sa *Tosca* a été vécue dans la tragédie réelle de Pierre de Mortissac, avec cette différence que ce dernier n'a jamais réussi à savoir à qui était dû l'échec de son plan. Il faut se rappeler que dans la collection *post-guerre* d'un hebdomadaire parisien consacré aux potins du théâtre et du boulevard, on dit que Mata Hari fut trahie par quelqu'un, par un de ces hommes appelés en anglais *responsible men*, qui ne lui pardonnait pas d'avoir dit de lui qu'il était un officier allemand et que c'était de sa faute si elle était entrée au service de l'Allemagne. Et ce n'est qu'en gardant bien présentes à l'esprit toutes ces énigmes, si claires pour quelques-uns, qu'on réussira à expliquer pourquoi l'espionne put marcher au supplice comme si elle allait à une fête, ainsi que l'a écrit (éclairé par les révélations de Clunet, défenseur de Mata Hari, à qui elle avait remis, le matin même de l'exécution, sa lettre pour Pierre de Mortissac), le romancier espagnol Blasco Ibañez, dans *Mare Nostrum*, sans deviner le secret de cette audacieuse attitude en face d'une destruction que la condamnée ne défiait que parce qu'elle lui semblait impossible.

Peut-on rien écrire de plus incitant, de plus tentant que ces paroles mystérieuses? Le malheur est qu'il y a deux hommes en Pitollet : le premier, un érudit toujours bien informé; l'autre, un poète qui se complaît à allonger les ailes des chimères historiques. Lequel des deux parle en les circonstances actuelles? Probablement le second. Mais il n'importe. Grâce à la fantaisie de ce savant, l'histoire de cet amant qui, après avoir dépensé le reste de sa fortune à préparer un plan pour arracher Mata Hari aux mains des gendarmes qui la conduisaient au poteau d'exécution, vit à présent une vie de sainte pénitence au fond d'un cloître, s'est convertie en une réalité dont nul ne doute et qui, tôt au tard, figurera parmi les pages les plus attendrissantes des futures légendes dorées...

X

LA DERNIÈRE LÉGENDE

Il y avait plusieurs années, paraît-il, que la fantastique rumeur se colportait à travers le monde; et, moi, je n'en avais rien su. Il en est du reste toujours ainsi : le principal intéressé est le dernier renseigné... « Tout Madrid le savait, tout Madrid, sauf lui... » Mais un soir, au Palace, en parlant avec Malvy des étranges circonstances de son procès, il m'advint de lui demander quel rôle Mata Hari avait réellement joué dans cette fameuse aventure politique.

— Un rôle très curieux — me répondit le ministre exilé, en souriant avec une amère ironie. — Figurez vous que parmi les documents que l'accusation considérait comme les plus accablants pour moi, il y avait quelques lettres intimes, écrites sur du papier portant l'entête du Conseil des Ministres et adressées à Mata Hari. Ces lettres étaient signées : « My »; et, si elles ne traitaient en rien des affaires du Gouvernement ni des secrets de l'Etat, elles montraient, par contre, que des relations amoureuses avaient existé entre leur auteur et la fameuse ballerine récemment fusillée. Si j'avais été ce « My », je l'aurais avoué sans honte ; mais comme je ne l'étais pas, je protestai contre les suppositions que les juges chargés d'instruire mon procès fondaient sur une aussi mystérieuse correspondance. Mes protestations, naturellement, furent vaines. « My » sur du papier à l'entête du Conseil des Ministres, ce devait être forcément Malvy, surtout qu'il s'agissait d'épîtres de caractère galant. Ainsi, donc, un des motifs de la Haute Cour pour dicter le singulier arrêt qui ne me prive pas de mes droits politiques, mais qui m'exile, fut ces lettres. Mais, comme tout finit par s'éclaircir dans la vie, on a su un beau jour que le correspondant de la danseuse rouge, ce n'était pas moi, mais bien un autre ministre.

Malvy se contenta de mettre un peu plus d'ironie et un peu moins d'amertume en son sourire.

— Mais, celui de nous deux qui doit le mieux savoir quels étaient les amis de la fameuse ballerine, c'est vous.

— Moi?... Pourquoi ?

Il y eut un moment de silence, pendant lequel

le visage fin de l'ancien ministre français devint soucieux. A la fin, visiblement confus, il voulut s'excuser de ce qu'il appelait son indiscrétion; et me demanda de parler de choses moins macabres. Mais j'éprouvais grande curiosité de connaître le motif de ses phrases énigmatiques; et, ainsi, devenu sérieux à mon tour, je le priai de m'expliquer ce qu'elles signifiaient.

— Ce n'est un secret pour personne — me répondit-il — et je ne veux parler que de vos amours avec Mata Hari.

— Mes amours avec Mata Hari ?...

— Oui, tout le monde chuchote que vous avez été son dernier amant...

— Moi ?.. Après tout, c'est flatteur, puisqu'il s'agit d'une femme si fameuse — m'écriai-je en riant; — seulement, il n'en est rien.

— Vraiment — insista-t-il — vous n'avez pas eu de relations avec cette étrange artiste ?

— Aucune relation d'aucune sorte.

— C'est bizarre !

Et le plus délicatement qu'il pût, choisissant soigneusement ses mots pour ne pas me froisser, il m'exposa ce qui se murmurait à Saint-Sébastien, à Madrid, à Séville, partout où il avait coutume de faire de longs séjours. J'avais été non seulement l'amant, mais le dénonciateur de

Mata Hari. D'aucuns disaient que mon acte inique avait été inspiré par la jalousie, par des rancœurs intimes, par le désir de me venger des perfidies de ma maîtresse. D'autres parlaient de sommes fabuleuses. D'autres, enfin, croyaient savoir que le Gouvernement français, par l'intermédiaire de son ambassadeur en Espagne, m'avait décidé à lui livrer la grande espionne en échange de je ne sais quelle décoration...

Je riais aux larmes, pendant que l'ancien ministre parlait. A la fin, je pus dire :

— Certainement, il y a eu erreur sur la personne puisque je ne l'ai pas connue, même de vue.

— Ainsi sont les choses — murmura Malvy.

Et tout de suite, comme pour s'excuser d'avoir pu prêter l'oreille à une légende aussi absurde, il me dit :

— Evidemment, je n'ai accepté comme vraisemblable que l'idée des amours. Qu'y aurait-il d'étonnant à ce qu'un homme dont les aventures galantes ne sont un mystère pour personne, se fût épris de cette femme ?.. Car vous ne nierez pas que, si ses photographies ne me trompent pas, elle était belle, d'une beauté exotique, avec des yeux de profond mystère et un corps serpentin de bayadère hindoue.

— Puisque je vous dis que je ne l'ai jamais vue, pas même au théâtre !.. Et c'est cela précisément, qui est singulier... Si, du moins, je l'avais connue et fréquentée comme je connais et fréquente beaucoup d'autres artistes européennes, il y aurait eu un vague motif pour m'attribuer de plus intimes relations. Mais, encore une fois : je ne l'ai jamais vue, ni de près, ni de loin... Qui plus est : moi, qui ai écrit deux livres dans lesquels je parle uniquement de danses et de danseuses, moi, qui adore les danses exotiques, je n'ai jamais écrit son nom.

— En tous cas — poursuivit Malvy — la partie vile de ces rumeurs, celle qui voudrait faire de vous un dénonciateur, est ridicule. Moi qui ai été, durant de longues années, Ministre de l'Intérieur et partant chef de la Police, je me suis mis à rire quand certains germanophiles espagnols m'ont dit que si le Gouvernement de mon pays vous promut Commandeur de la Légion d'Honneur, ce fut pour vous payer le sang de Mata Hari... Ces malheureux ne savent pas que les services de police se rémunèrent en argent, non pas en honneurs, et que les Français de tous les partis ont un si profond respect pour la Légion d'Honneur, qu'il suffirait que quelqu'un eût commis une félonie, même profitable au Gouvernement, à la Justice ou à l'Armée, pour qu'on ne lui accordât jamais, je ne dis pas la cravate de commandeur que portent avec orgueil beaucoup de nos généraux, mais même la simple croix de chevalier.

— Il y a une autre raison plus puissante encore — lui dis-je — pour que cette partie de la légende ne fasse pas fortune, et c'est qu'en Espagne, en Amérique, en France même, tous connaissent mon caractère, et si l'on me croit toujours prêt à de grandes folies, on me sait, par contre, incapable de la moindre faute contre l'honneur.

En entendant ces paroles, Malvy sourit d'une façon si singulière que son expression me parut tragiquement douloureuse. Et je devinai ce qui se passait dans son âme ; je vis clair dans ses yeux ; je compris que cet homme qu'on avait accusé dans sa patrie, non pas de dénoncer des espions, mais, au contraire, de les protéger, d'être au service de l'ennemi, de trafiquer du pouvoir, d'être, en somme, cette chose horrible qu'on appelle un traître, savait par sinistre expérience le peu que valent la réalité et la logique contre la calomnie et l'absurde. Au fond, tous ceux qui le fréquentaient au Parlement savaient que, s'il avait commis des fautes, c'étaient des

fautes patriotiques, inspirées par la bienveillance, par l'esprit de concorde nationale, par le
désir généreux de créer et d'affermir l'union
sacrée de 1914. Seulement, ces mêmes cama-
rades, au moment sombre du procès, s'em-
pressèrent de se taire pour que le peuple enten-
dît seulement les voix accusatrices.

— Plus une calomnie est grotesque — murmure-t-il — plus elle trouve de gens disposés à
lui accorder crédit... Dans l'univers de la politique, nous sommes si accoutumés à ce jeu pué-
ril des inventions qui font rire le premier jour
et qui ensuite, très souvent, font pleurer, que
nous n'essayons même plus de lutter contre le
principe voltairien qui guide les calomniateurs.

— Vous avez raison — lui dis-je.

Et je me rappelais avec mélancolie que la première fois où mon nom franchit le seuil des petites
chapelles littéraires pour résonner aux oreilles
du grand public, ce fut quand la police espagnole arrêta à Madrid la célèbre Mme Humbert.
Les Azorin, les Baroja, les Valle Inclán, les
Maeztu, les compagnons des premières luttes,
ceux qui forment ce qu'on a appelé la génération
de 1898, se souviennent encore de ce scandale.
J'avais été élu membre correspondant de l'Académie Royale espagnole à vingt et un ans. Le

titre flattait tellement ma juvénile vanité que je le faisais figurer même sur mes cartes de visite. Mais, lorsque j'appris que l'un des membres de l'illustre Compagnie, M. Cotarelo, venait de gagner la prime offerte par la justice à qui découvrirait la retraite du génial escroc en jupons, je m'empressai d'écrire à M. Tamayo, qui était alors secrétaire perpétuel, que si l'Académie n'expulsait pas de son sein le dénonciateur stipendié, je le priais, humblement, moi, d'accepter ma démission de la dignité qui m'avait été conférée par l'illustre cénacle. Mon « geste », non pour ce qu'il valait, mais pour ce qu'il signifiait, fit beaucoup de bruit. Dans la presse madrilène, la plus intéressée en l'affaire, les uns me défendirent et les autres défendirent l'académicien dénonciateur, assurant que contribuer à ce que les coupables n'échappent pas à la justice, est toujours une action profitable à la société. Moi qui ai de tout temps éprouvé la plus profonde horreur pour tout ce qui est détectivisme et scherlokholmisme de *dilettanti*, je crus alors avoir agi noblement. Et je continue de le croire. Que la Police exerce son ministère ingrat et nécessaire de la façon la plus efficace, soit ! Mais qu'un monsieur, étranger à la magistrature, se com-

plaise à se transformer en aide du bourreau,
pouah !

— C'est vrai — murmura l'illustre exilé
m'entendant évoquer ces souvenirs — c'est
absolument vrai... Mais cela n'empêchera pas
les gens intéressés à vous causer du tort, de
continuer à répéter l'histoire de vos amours
avec Mata Hari... Et s'il n'y avait que l'histoire
des amours...

— Que voulez-vous que j'y fasse ?

— Je ne sais. D'aucuns, dans un cas comme
le vôtre, s'indignent et protestent par la voix de
la presse... D'autres rient dans leur barbe et
haussent dédaigneusement les épaules. Le
résultat est pareil. La calomnie poursuit son
chemin, rampant dans l'ombre des confidences,
sans qu'aucun pied se puisse poser sur sa tête
visqueuse et glissante.

XI

APPENDICE

(NOTES ET DOCUMENTS)

I

Les souvenirs d'un de ses amis.

M. Paul Olivier, conférencier et journaliste éminent, m'a envoyé les notes suivantes, dans lesquelles
il y a beaucoup de détails intéressants pour la recon-
stitution de la psychologie de Mata Hari :

« Après une conférence qui date de 1912, je restai
en relations avec Mata. Elle m'invita à aller la voir
dans sa villa de Neuilly. Mais quoique j'éprouvasse
le plus vif plaisir à causer avec elle, je ne profitai de
l'invitation que deux ou trois fois, à cause de mes
nombreuses occupations. Par contre, elle venait me
voir dans mon bureau, à Paris, au moins une fois
par semaine. Ses visites cessèrent vers la fin du printemps de 1913, quand elle se rendit compte que je
satisfaisais bien mal sa curiosité excessive au sujet
des affaires politiques, des secrets de coulisse de la

presse et des événements du moment. Elle semblait s'intéresser beaucoup à ce qui concerne les moyens d'information des grands journaux. Je lui expliquais ce que je pouvais. Puis elle se proposa de savoir, grâce à moi, quel genre de personne était le correspondant à Berlin d'un journal et n'y réussit qu'à moitié, car je connaissais à peine ce journaliste. Elle voulut entrer en relations avec quelques-uns de mes compagnons ; mais les circonstances de la vie journalistique, en nous obligeant tous à de perpétuels voyages, ne se prêtaient pas à ses projets. Pendant l'automne de 1913, elle vint me voir une fois ou deux. Puis, je tombai malade, je partis pour le Midi ; je ne revins à Paris que huit mois plus tard.

« Le jardin de sa villa de Neuilly était entouré de hauts murs qui le garantissaient contre les regards indiscrets. Et c'est pourquoi elle pouvait, ainsi qu'elle-même me l'a dit, céder à la fantaisie qui la prenait souvent de danser toute nue, à cet endroit, la nuit, au clair de lune. C'était pour son plaisir et pour le plaisir de ses intimes... Quand je la connus, elle m'affirma qu'elle était en instance de divorce. Un jour du début de 1913, elle vint me voir, le visage baigné de larmes, et me dit que son mari venait de la frapper jusqu'au sang. Son corps, en effet, était couvert d'ecchymoses. Elle me demanda conseil pour abréger les formalités de son divorce. Je lui remis une carte pour un avocat de mes amis. Cet avocat ne reçut jamais sa visite. Il s'agissait d'une simple comédie dont je ne cherchai pas sur le moment à découvrir le mobile ; puis, j'ai pensé qu'elle avait peut-être visé à m'inspirer de la pitié afin de m'associer plus intimement à son existence dans l'espoir de pénétrer de cette façon dans la coulisse de la presse parisienne. Mauvais calcul, en tous cas, car ce n'est pas dans les salles de rédaction qu'on peut apprendre quelque chose de certain en matière politique.

« Elle avait un art de séduction très singulier, fait de mignardises et de violences. Elle se montrait très grande dame parfois, et, une minute après, elle se complaisait à parler grossièrement et à rire aux éclats comme une prostituée de bas étage. Lyrique en certaines occasions : je me rappelle l'avoir entendue déclamer sans emphase et avec un enthousiasme qui dénotait un profond amour de la beauté, des extraits des grands poèmes de l'Inde. Quelquefois, elle ébauchait en même temps des pas de danse qui s'harmonisaient avec les vers qu'elle disait, et cela d'une façon majestueuse et aisée, rythmique et gracieuse.

« Elle avait les plus beaux bras que j'aie vus de ma vie. »

II

La légende du sein mutilé.

Nous avons tous lu, dans les biographies de Mata Hari, un épisode qui explique la constance avec laquelle cette femme, si encline à se déshabiller en public, conservait toujours les seins couverts de deux minuscules égides de filigrane.

— Mon mari, le capitaine Mac Leod, était si jaloux — disait-elle — qu'il me menaçait très souvent de me défigurer afin que personne ne s'éprît de moi. Ce qui l'affolait le plus, durant nos nuits d'amour, c'était de penser que mes seins menus, fermes, pareils à des coupes de Corinthe, pouvaient être caressés par d'autres mains, baisés par d'autres lèvres. « Je préférerais te les arracher » — murmurait-il, en crispant ses doigts sur ma poitrine. Et il me fallait employer alors toute la persuasion de mes charmes pour calmer son délire et même l'obliger à s'agenouiller devant mon corps. Une nuit, après un long moment de silence, il s'approcha de moi, dans notre lit, et me baisa les seins longuement. Soudain, comme obéissant à une impulsion féroce, il m'arracha d'un coup de dent le mamelon gauche et l'avala... C'est pourquoi, depuis lors, je n'ai jamais montré à personne mon torse complètement nu...

Eh bien! une lettre que l'illustre peintre Guillaumet m'a écrite pour me relater ses relations avec Mata Hari, démontre que cette histoire de sein mutilé n'est qu'une légende destinée à cacher une réalité plus naturelle et moins pathétique.

Voici cette lettre que je publie avec l'autorisation de l'auteur :

« A une date que je ne puis guère préciser, mais qu'on pourrait retrouver facilement, car elle est rapprochée de celle de la « première », à la *Gaîté*, de la *Messaline* de Moreau et d'Isidor de Lara, une femme se présenta dans mon atelier et me dit :

« — Je voudrais travailler comme modèle.

« — Fort bien » — lui répondis-je — ; « montrez-moi votre corps.

« — Oh, non !... Je ne veux poser que pour la tête. Je suis la veuve d'un colonel, mort aux Indes ; j'ai deux fils et je me trouve sans ressources pour les élever ; je m'appelle madame Mac Leod.

« — Dans ce cas, comme vous êtes jolie, il ne vous sera pas difficile de trouver quelques séances pour le visage ; mais on vous paiera beaucoup moins que si vous consentiez à poser toute nue, car, selon les apparences, vous devez être très bien faite. Toutefois, je n'insiste pas.

14

« Madame Mac Leod se lamenta alors à cause de l'immolation, pour elle terrible, de sa pudeur ; de l'outrage que cela constituait pour le grand nom qu'elle portait, etc. Mais quand je lui dis d'agir à sa guise, brusquement, elle se déshabilla.

« C'est ainsi que je pus voir, à la lumière crue de l'atelier, ses belles épaules, ses beaux bras, ses très bellissimes jambes. Mais, hélas ! quelle poitrine blette !... Elle avait des hanches chevalines et son ventre était défraîchi. Mais, surtout, quelle poitrine fatiguée !... (Cela m'a expliqué pourquoi, par la suite, elle portait toujours deux coquilles de métal, comme inséparables soutiens-gorge.)

« Courtoisement, quoique sans pouvoir dissimuler tout à fait ma désillusion, je lui dis, qu'en effet, il valait mieux qu'elle ne posât que pour la tête. Ces paroles provoquèrent une crise de nerfs. L'outrage à sa pudeur avait été intolérable... Ma femme accourut à son aide, lui mouilla les tempes d'eau de Cologne, lui fit respirer un flacon d'éther. Je la gardai comme modèle pour une affiche de « Messaline ». Puis je l'envoyai à un de mes amis, le peintre Assire, qui la fit travailler longtemps pour le visage et les costumes. Elle lui raconta des choses bizarres qu'il pourrait vous rapporter ; mais pour mon propre compte, voilà tout ce que je puis vous dire. »

Ainsi, donc, ces seins fameux que nul, à l'époque de l'apogée de la bayadère, ne put voir, même dans l'intimité du lit ; ces seins mystérieux qui inspirèrent tant de madrigaux, n'étaient que deux pauvres petits nichons flétris, fatigués et flasques...

III

Voici une série de notes que je trouve réunies dans une étude documentaire parue dans le *Mercure de France*, sous la signature de M. Pierre Dufay.

D'un article sans doute oublié de M. René Puaux, publié sous le titre de « Paris à Kartoum » par le *Temps* du 21 mars 1907 :

« Samedi. — Nous n'avons reçu qu'aujourd'hui, au départ de Naples, la liste complète des passagers. Mais les Parisiens qui sont à bord ont reconnu dès Marseille une célébrité : Mata Hari, la fameuse danseuse hindoue qui nous révéla les danses sacrées qui exigent la nudité. Elle a renoncé à Siwa et à son culte. Elle est devenue Berlinoise, parle l'allemand avec un accent aussi peu oriental que possible et compte bien finir ses jours sur les bords de la Sprée. Son plus vif désir est qu'on oublie sa brillante carrière et ses succès des musées Guimet et du Trocadéro. *Damit ist es fertig.* Et l'Egypte ne l'attire point pour y rechercher des danses nouvelles. »

Quand il reproduisait ce passage relatif à Mata

Hari, l'*Intermédiaire des Chercheurs et Curieux* portant la date du 20 mai 1907 ne prévoyait guère que la Danseuse Rouge finirait ses jours, non sur les bords de la Sprée, comme elle le désirait, mais à l'orée du bois de Vincennes. Cette déclaration d'amour faite, dès 1907, par Mata Hari en faveur de l'Allemagne, sa nouvelle patrie, n'en est que plus intéressante à joindre à l'évocation faite par Louis Dumur de la belle et dangereuse espionne.

De l'*Intermédiaire* (30 septembre 1906) :

« Pendant tout l'hiver 1904-1905, Mata Hari avait donné de nombreuses représentations payées dans des salons parisiens et dans de grands cercles. Le maillot faisait absolument défaut et après avoir sacrifié à son dieu son voile de chasteté, l'artiste restait toute nue avec pour seul voile ses bijoux orientaux et sa coiffure hindoue. Elle faisait aussi, sur des improvisations au piano, dans son très léger costume, une série de danses lentes, ou de poses plastico-religieuses. Son début eut lieu dans un salon très connu à Paris, chez la comtesse de T..., devant une cinquantaine de spectateurs ou spectatrices du meilleur monde. Puis elle se produisit moyennant finances dans d'autres salons et dans les grands cercles de Paris et même de Nice. »

Laissant pour un instant l'espionne, est-il besoin d'ajouter que, dans leur nudité, les danses de Mata Hari n'avaient rien d'obscène ?

« Pourquoi l'a-t-on invitée et applaudie ? écrivait un autre correspondant de l'*Intermédiaire* ; parce que sa danse était belle et son intention artistique. »

Et, considération qui mérite d'être notée, aujourd'hui, où se pose à nouveau, assez inopinée, la question du nu au théâtre, alors qu'on la pouvait croire définitivement réglée par des jugements qui semblaient devoir faire loi à l'avenir :

« L'intérêt du mouvement actuel est précisément de tracer une ligne de démarcation très nette entre le nu de l'art et ce qu'on pourrait appeler le nu du commerce. Les générations de 1860 et de 1875, puritaines ou naturalistes, confondaient volontairement la femme nue et la courtisane. Celle de 1900 distingue. »

A part que, comme l'écrivait Gustave Flaubert à Louise Colet, « la courtisane n'existe pas plus que le saint, il y a des soupeuses et des lorettes », plus simplement des « poules » promulguerait aujourd'hui un moraliste, car elles se sont « unifiées » : cette observation peut être tenue pour exacte. Ceux qui dénoncent aux foudres de la correctionnelle les audaces du nu appartiennent évidemment aux générations surannées qui ne le savaient comprendre, sinon accompagné de bas montant à mi-cuisses et de quelques moss de vin blanc, le décor et les accessoires pour l'ordinaire impartis à la maison Tellier ; et l'on doit savoir gré à la Danseuse Rouge d'avoir victorieusement démontré, dans ses danses sacrées, la chasteté du nu et bien marqué le fossé profond qui le sépare des déshabillés de la revue et de l'obscénité des retroussis de l'ancien quadrille naturaliste.

La danse de Mata Hari était chaste, c'est pourquoi elle fut invitée dans des salons, des salons mondains, où, le plus communément, le décolletage est autrement compris et pratiqué, c'est pourquoi également, et c'est là encore une confirmation du roman de Louis Dumur, des femmes du monde ne craignirent point de fréquenter la danseuse et d'amener chez elle leurs filles mineures.

Que l'on veuille bien se rappeler un procès récent, lequel aurait fait grand bruit, si, autour, n'avait point été habilement organisée la conspiration du silence ; aux termes même de la note adressée par Maîtres A. Bourgoint, Maurice Garçon et Alexandre Zévaès à la première chambre de la Cour d'appel de Paris, n'était-il pas indiqué qu'il avait été fait grief, par ses gendres, à la fille du fondateur du Bazar de l'Hôtel-de-Ville, leur cliente, d'avoir conduit une de ses filles encore mineure, à l'hôtel, chez la danseuse, dont elle avait fait la connaissance dans un train de banlieue (Paris, impr. Pigalle, 1922 ; in-8, de 24-LXIII pp.)

Le docteur Léon Bizard, qui devait, le 15 octobre 1917, conduire Mata Hari de Saint-Lazare au poteau de Vincennes, a, d'autre part, dit, dans la *Chronique Médicale* (1), comment, au début de 1914, il l'avait rencontrée dans une maison de rendez-vous. Ce qui prouve que, à cette époque, si elle appartenait déjà de cœur à l'Allemagne, Marguerite-Gertrude Zelle, dite Mata Hari, n'en recevait pas encore des mensualités suffisantes pour dédaigner dans la plénitude de ses trente-neuf ans les menus profits d'un casuel qui ne devait pas laisser d'être parfois instructif.

---

(1) *Les maisons de prostitution à Paris pendant la guerre*, juin-juillet 1922.

Arrêtée le 13 février 1917, elle avait comparu les 24 et 25 juillet devant le 3ᵉ Conseil de guerre de Paris, que présidait le colonel Semprou, sous l'accusation d'avoir, « à l'étranger et en France, entretenu des intelligences avec les agents d'une puissance ennemie dans le but de favoriser les entreprises de cette puissance », ayant, en outre, à répondre du crime d'avoir communiqué à cette puissance nombre de documents et renseignements sur la politique intérieure et l'offensive du printemps de 1916.

Mᵉ Edouard Clunet, avocat, commis d'office par le bâtonnier Henri Robert, a présenté la défense de Mata Hari.

Après trois quarts d'heure de délibération environ, le Conseil est rentré en séance.

A l'unanimité, Mata Hari a été condamnée à la peine capitale.

La danseuse a appris par son défenseur la condamnation prononcée contre elle.

— C'est impossible ! C'est impossible ! a-t-elle dit.

Au bout de quelques secondes d'émotion, elle a repris son calme apparent.

C'est de son pas énergique de danseuse qu'elle s'est rendue à l'audience, où le greffier Rivière lui a, en présence de la garde assemblée sous les armes, donné lecture de la sentence. Elle a répété alors, à mi-voix : « C'est impossible ! C'est impossible ! »

Puis elle s'est empressée de demander à signer son pourvoi en revision. Dans ce but, elle s'est rendue au greffe du troisième Conseil de guerre, où l'a rejointe son défenseur, avec lequel, d'une voix haute et calme, elle s'est entretenue durant plus d'un quart d'heure. Lorsqu'elle quitta le greffe, elle affectait une grande énergie. Sur ses lèvres errait un sourire machinal (1).

Mata Hari, qui fit preuve jusqu'au bout de courage, après avoir refusé de se laisser bander les yeux, fut passée par les armes, le lundi 15 octobre 1917, au polygone de Vincennes, à six heures et quart, et son corps fut transporté au nouveau cimetière de Vincennes, où eut lieu l'inhumation.

Une automobile était venue prendre, vers cinq heures, la condamnée à Saint-Lazare, où, avant de quitter la prison, elle remit un paquet de lettres à son défenseur Mᵉ Clunet et le *Temps*, auquel sont empruntés ces détails, divulgue le nom du pasteur, Darboux, que l'on voit figurer dans la scène d'hallucination de Léopoldine d'Arpajac, et qui, en effet, accompagna la Danseuse Rouge jusqu'au poteau d'exécution.

Tous les lecteurs du *Mercure de France* ont lu les *Défaitistes* de Louis Dumur, mais combien peu, même parmi ceux qui ont conservé les journaux de la guerre, ont le loisir, ou le courage, de consulter leurs piles encombrantes, les prix actuels de la reliure permettant aux bibliothèques publiques seules, pour qui c'est une nécessité coûteuse mais indispensable, de les faire relier. Les périodiques moins embarrassants que l'on peut avoir sous la main, tels l'*Illustration* ou le *Larousse mensuel*, n'ont soufflé mot de la matinée sanglante du 15 octobre 1917 : il n'était donc pas inutile, peut-être, de relire

(1) *Figaro*, 26 juillet 1917.

les journaux contemporains du drame si bellement
évoqué par l'écrivain et de leur faire quelques
emprunts. Louis Dumur a utilisé ces documents et
bien d'autres et leur a prêté le frisson de la vie ;
Mata Hari, cette espionne qui avait du cran, lui a
fourni le sujet de quelques-unes des pages les plus
émouvantes d'un livre où elles ne manquent pas.
Théâtre, cinéma, roman, Mata Hari est entrée dans
la légende, elle plut par sa danse et la beauté de son
corps, le poteau de Vincennes a fait une apothéose
sanglante à cette femme qui, du moins, sut rester
brave devant la mort.

IV

Voici la fin du récit très émouvant que le Dr Bizard, collègue du Dr Bralez à la prison de Saint-Lazare, a fait de l'exécution de Mata Hari :

« Le directeur, M. Estach, mort depuis, me dit à l'oreille : « On prend les dernières mesures »...

Toute cette assistance, parlant à voix basse, me paraît pâle un peu.

Tout à coup, une voix mâle retentit. C'est un capitaine qui annonce : « C'est l'heure, Messieurs, on va monter. »

Et voici la foule qui se précipite à sa suite vers la porte donnant accès à l'intérieur de la prison.

Le colonel de la Garde, le très distingué colonel Semprou, qui a dirigé avec tant d'impartialité et d'autorité les débats du conseil de guerre, voyant cette affluence, commande alors avec fermeté que, seules, les quelques personnes autorisées monteront jusqu'à la cellule; les autres attendront en bas, et lui-même donnera l'exemple.

A ce moment, un petit vieillard à figure blême,

qui n'est autre que Me Clunet, se fraye un passage jusqu'au capitaine et l'interpelle d'une voix tremblotante : « Capitaine, capitaine, excusez-moi, je ne me sens pas le courage de monter; mais dites-lui bien que je suis là tout près, et qu'elle soit assurée que, jusqu'au bout, je ne l'aurai pas abandonnée. »

— « Je n'ai pas à faire vos commissions, Maître, réplique durement l'officier; ce que vous avez à dire à cette femme, dites-le vous-même ». Et l'avocat, se soutenant à peine, suivit le petit cortège, qui montait jusqu'à la cellule.

On arrive au greffe du premier étage, appelé en argot de la prison « le pont d'Avignon »..., parce que tout le monde y passe, pour se rendre dans les divers quartiers de Saint-Lazare.

On suit le long du couloir, faiblement éclairé d'un bec papillon, et nous remarquons que, pour amortir les bruits qui auraient pu donner des soupçons à la condamnée, les bonnes sœurs ont jeté des bouts de tapis, des couvertures, sous nos pas.

Sœur Léonide ouvre la cellule; l'officier, voyant trois femmes couchées, lui demande « laquelle ? » — Celle du milieu, répond la religieuse ».

Mata Hari, dont j'avais fait doubler, la veille, la dose de chloral, dort entre les deux détenues gardiennes, qui ont compris et, sanglotantes, sautent de leur lit.

La sœur chargée de veiller est à genoux et prie, son visage de cire éclairé par la lueur tremblotante d'une veilleuse.

Le capitaine secoue la condamnée, qui ouvre des yeux d'épouvante, cherche à parler et qui, assise sur son séant, se soutenant sur ses poings crispés, placés en arrière, écoute l'officier lui annoncer, d'une voix ferme mais émue : « Zelle, ayez du courage, le Président de la République a rejeté votre pourvoi, l'heure de l'expiation est venue ! »

Alors il se fait un grand silence.

On ne voit dans la pénombre que deux yeux qui flamboient.

D'une voix sourde d'abord, mais qui, peu à peu, se raffermit, Mata Hari répète au moins par dix fois : « ce n'est pas possible ; ce n'est pas possible…! »

Très vite elle reprend ses esprits ; à sœur Léonide qui, penchée vers elle, l'encourage, elle répond : « Ne craignez rien, ma sœur, je saurai mourir sans faiblir, vous allez voir une belle mort ! »

Je lui offre un flacon de sels à respirer. « Merci, docteur, dit-elle ; vous le voyez, je n'ai pas besoin de ça. » Cependant, elle accepte un grog, que lui tend le D\u1d63 Bralez. La condamnée commence pourtant à se vêtir, ou plutôt à se laisser vêtir, et la plupart des assistants se retirent par discrétion.

Je reste près d'elle pendant qu'on commence à l'habiller, étendue sur son lit ; sa chemise, qui n'était pas de toile grossière, comme on l'a dit, car son linge personnel lui avait été laissé, se soulève, tandis qu'elle fait un mouvement et découvre plus haut que les jambes. Une religieuse veut la couvrir : « Oh ! laissez donc, ma sœur, ce n'est pas le moment de faire de la pudeur. »

Peu à peu le visage de Mata Hari prend une expression dure et coléreuse ; alors, tandis qu'on lui passe ses vêtements, elle ne va plus cesser de monologuer : « Oh! les Français!... A quoi ça va leur servir de m'avoir tuée; si encore ça leur faisait gagner la guerre. Ah! ils verront!... C'était bien la peine que je fasse tant pour eux.... et pourtant, je ne suis pas Française... » — « Ma sœur, je voudrais qu'on me donne ma robe la plus chaude, car il fait froid ce matin; je veux aussi mes jolis petits souliers, j'ai toujours aimé à être bien chaussée », et, pendant ce colloque, la danseuse tranquillement se poudrait!... Puis, tout à coup : « J'ai à parler à mon pasteur ».

M. Darboux s'approche; il a demandé un peu d'eau, dont on emplit un gobelet de prisonnière, et qui tremble dans sa main. Sur sa demande, on le laisse s'entretenir en tête à tête avec la danseuse. Mata Hari, paraît-il, recevait *in extremis* le baptême.

Pendant que s'accomplissait cette très simple cérémonie, je reste à la porte de la cellule, en compagnie de M⁰ Clunet. « Quelle tristesse, me dit le vénérable Bâtonnier, de tuer en pleine force une telle femme : c'était, pourtant, une belle intelligence; c'est grand dommage, vraiment, qu'il n'ait pas été possible, au lieu de la faire disparaître, de se servir de ses qualités au bénéfice de notre pays! »

Mais la porte s'ouvre; le pasteur sort, les yeux embués de larmes, nous invitant à rentrer.

Mata, bien droite, sans soutien, l'air altier, paraît vraiment nous recevoir. Revêtue de sa robe tailleur bleue, à longue jaquette, bordée de blanc, son chapeau canotier sur la tête, elle se gante posément.

— « Je suis prête », dit-elle avec assurance, et se tournant vers moi : « Merci une dernière fois, docteur, pour tous vos soins et pour votre sollicitude. »

Puis, s'adressant à sœur Léonide : « J'ai beaucoup voyagé, ma sœur, eh bien ! cette fois c'est mon dernier voyage. Je pars pour la grande gare, mais n'en reviendrai pas... Allons, voyons, faites comme moi, petite Mère, ne pleurez pas ! »

Un officier s'approche alors, lui demandant, comme le veut la loi, si elle n'a aucune révélation à faire. — « Aucune, répondit-elle sèchement, et, si j'en avais, vous pensez bien que je les garderais pour moi. »

La loi voulait aussi qu'une dernière question lui fût encore posée (1).

C'est le Dr Socquet, médecin légiste expert, qui en est chargé. Tout doucement, il demande à Mata Hari si elle n'a aucune raison de se croire enceinte. « Oh ! sûrement non, réplique-t-elle presque en riant, comment voudriez-vous ?.... »

Elle s'engage alors dans le long couloir, semblant conduire le cortège qui l'entoure et la suit.

A ce moment, le gardien-chef croit devoir se précipiter sur elle et lui saisir le bras. Mais elle se dégage brusquement, et d'un accent rauque s'écrie : « Laissez-moi, vous, ne me touchez pas, je ne veux pas ; je ne suis pas une voleuse..., en voilà

---

(1) « Si une femme condamnée à mort se déclare et s'il est vérifié qu'elle est enceinte, elle ne subira sa peine qu'après sa délivrance. » |*Code pénal*, livre I, chapitre ı, art. 27. On a écrit, dans un livre que l'avocat de Mata avait invoqué, au dernier moment, cet article 27, pour reculer l'exécution de sa cliente. Cet épisode, tel qu'il a été relaté, est de pure fantaisie.

des façons ! » ; et c'est le gardien-chef qui obéit.

— « Petite Mère, je vous prie, donnez-moi le bras et ne me quittez pas. »

— « Alors, me raconta Sœur Léonide, je lui tendis le bras et je pris sa main dans la mienne. Je la serrai aussi fort que je pouvais parce que je me méfiais, elle était bien capable de faire une blague au dernier moment. »

On descend l'escalier et la porte s'entr'ouvre sur le guichet d'entrée, où se tiennent d'ordinaire les paisibles gardiens de Saint-Lazare ; il y a foule et la danseuse sourit : « Oh ! que de monde ! quel succès !.... » Puis, sans s'émouvoir, elle parcourt les quelques mètres qui la séparent du greffe, où a lieu la levée d'écrou. Zelle Marguerite-Gertrude, dite *Mata Hari*, est « remise à l'autorité militaire, pour être exécutée à Vincennes ».

C'est à ce moment qu'elle demande et obtient la faveur d'écrire quelques lettres. Mata Hari dégante sa main droite et, de sa grande écriture qui ne tremble pas, elle écrit posément trois lettres, inscrit l'adresse sur les enveloppes, et les remettant au Directeur, elle ajoute, souriante : « Surtout qu'on ne brouille pas les adresses. Ça ferait du beau ! »

Pendant ces dix minutes, je me tiens à un mètre à peine, épiant une faiblesse possible, qui ne se produit pas.

« J'ai terminé », dit-elle. C'est alors que les gendarmes prennent possession de la prisonnière, et la font monter dans la voiture où prennent place avec eux la Sœur Léonide et le pasteur Darboux.

Durant le trajet, le pasteur est tellement ému qu'il peut à peine parler.

Mata Hari fait ses adieux et répète : « Je pars pour la gare dont on ne revient pas », et elle ajoute encore : « Ah ! ces Français !... »

La Sœur Léonide l'exhorte à la résignation et au pardon. « Au moment de comparaître devant Dieu, dit la religieuse, il ne faut plus garder pour personne des sentiments de haine. » — « Je ne voudrais pourtant pas pardonner aux Français, » répond-elle.
— « Oui, ma fille, il le faut », et à mi-voix, Mata Hari répond : « Puisque vous le voulez, ma chère Mère, je pardonne.... »

On arrive à Vincennes. L'exécution est fixée à 6 h. 15, et le jour vient de poindre à peine.

Les troupes sont alignées sur trois lignes et, tandis que la voiture s'arrête à l'extrémité du carré, face au poteau, retentit une sonnerie de clairon.

Alors, au milieu d'un silence impressionnant, Mata Hari descend de voiture, tend la main à Sœur Léonide pour l'aider à descendre, et lui prend le bras ; entourées de gendarmes, la Religieuse priant à haute voix et celle qui va mourir, s'avancent lentement.

Arrivée près du poteau, Mata Hari, se séparant brusquement de la Sœur, lui dit : « Embrassez-moi vite et laissez-moi maintenant ; mettez-vous sur ma droite, je regarderai de votre côté. Adieu ! »

Puis, tandis qu'un officier donne lecture du jugement, la danseuse, qui a refusé de se laisser bander les yeux, d'elle-même s'est placée contre le poteau, une corde, qui n'est même pas nouée, passée autour de la ceinture...

Le peloton d'exécution, composé de 12 chasseurs
à pied, 4 soldats, 4 caporaux, 4 sous-officiers, est à
10 mètres d'elle... Mata sourit encore à Sœur
Léonide agenouillée et fait un geste d'adieu.

L'officier commandant lève son sabre : un bruit
sec, suivi du coup de grâce moins éclatant, et la
Danseuse Rouge s'écroule tête en avant, masse inerte
qui dégoutte de sang...

Au bruit des clairons, les troupes défilent devant
le cadavre, sauf un tout petit soldat, qui était placé
tout juste devant moi pendant l'exécution, et que je
dépose évanoui sur le gazon.

Un fourgon s'avance ; deux tringlots en retirent
une bière de sapin, où ils étendent le corps déjà
raidi qui, après un simulacre d'inhumation, sera
remis à la Faculté.

V

Voici un témoignage tout à fait inédit, celui de l'aspirant du 26e bataillon de chasseurs à pied qui commanda le peloton d'exécution de Mata Hari.

« Je faisais fonction d'officier de jour au fort de Rosny-sous-Bois, dépôt des zouaves, le dimanche 14 octobre 1917, lorsque le commandant de la place de Vincennes me téléphona pour me prévenir que j'aurais à prendre la tête d'un peloton d'exécution pour le lendemain matin, lundi 15 octobre. Il me spécifia de choisir des hommes sûrs, de toute confiance, en raison de circonstances toutes spéciales. Il ne me donna pas d'autres explications, mais je compris aussitôt qu'il s'agissait de Mata Hari. J'en conçus quelque inquiétude, car, de la part d'une femme, on pouvait s'attendre à des larmes, des cris, de la résistance, et même une crise de nerfs. Je rassemblai douze sous-officiers de zouaves, ayant tous fait campagne sur le front. Quatre d'entre eux seulement devaient porter les insignes de leur grade, quatre autres mirent à leur capote des galons de caporal, les quatre derniers durent ôter leurs galons, afin que le peloton fût formé selon les exigences du règlement qui stipule quatre sous-officiers, quatre caporaux et quatre hommes de troupe.

La haie fut composée de dragons, d'artilleurs de Vincennes et d'un régiment de ligne de la garnison de Paris.

Mes craintes de la veille se dissipèrent dès que je vis paraître Mata Hari. Elle fit, entre les deux religieuses qui l'accompagnaient, son entrée avec une parfaite crânerie, et même d'une façon un peu théâtrale. Elle embrassa son défenseur et, pendant qu'elle traversait le carré des troupes, elle envoya un baiser dans la direction de je ne sais qui, parmi les personnages officiels, assez nombreux.

Elle se laissa lier au poteau, d'ailleurs d'une façon assez sommaire, par les deux gendarmes à qui il incombait de le faire. Mais lorsqu'un petit chasseur à pied se présenta pour lui bander les yeux, elle s'y refusa avec véhémence.

Au moment où je levais mon sabre pour commander le feu, elle me regarda bien en face et me dit : « Monsieur, je vous remercie ».

Onze balles avaient porté sur douze. Le maréchal des logis de dragons chargé de donner le coup de grâce n'a appuyé le canon de son revolver que contre la tempe d'une morte. »

VI

5 mars 1923.

Mon cher Gomez Carrillo,

Je vous envoie par ce même courrier, en un paquet recommandé, le seul exemplaire de *Mare Nostrum* qui restait dans ma bibliothèque.

Quand j'écrivis ce roman, Mata Hari était encore une inconnue ou presque ; pour ma part, du moins, je n'avais pas la moindre idée de son existence. On peut dire que je la « pressentis » en créant la protagoniste de mon roman. Remarquez la date indiquée à la fin du livre, paru quelques mois à peine après l'exécution de la ballerine, et sachez que la rédaction de ce volume me prit beaucoup, beaucoup de temps, car c'est à cette époque que je tombai malade à Paris et que je dus venir pour la première fois sur la Côte d'Azur.

La seule chose inspirée par Mata Hari dans mon livre, c'est la scène de l'exécution. Cette scène est rigoureusement exacte. J'avais terminé mon roman, on avait même commencé à l'imprimer en Espagne quand la bayadère fut exécutée.

J'allai alors, un après-midi, voir le vieil avocat Clunet, défenseur de Mata Hari, qui était de mes amis de longue date. Comme l'événement était encore tout récent, Me Clunet, témoin oculaire, s'émut en me le racontant en détail. Rarement, dans ma vie, j'ai entendu un homme exprimer son émotion avec tant de couleur et tant de relief.

Après cette entrevue, je remaniai la fin de mon roman. Je puis affirmer que l'exécution y est décrite telle que Me Clunet la vit. Cette description, je la fis de vive voix à Louis Dumur et à d'autres romanciers qui s'intéressaient à la « danseuse rouge ». Le récit que l'avocat me fit, à moi, est à la base, pour ainsi dire, de toutes les descriptions parues de l'exécution ; et c'est en tout cas, la seule chose de tout mon ouvrage qui ait quelque rapport avec Mata Hari. Tout ce qui le précède est un « pressentiment », une divination subconsciente de la réalité, puisque, je vous le répète, j'avais déjà écrit les trois quarts de mon roman que j'ignorais encore que cette femme existât.

Je ne vous fatigue pas davantage. Vous le savez : je suis toujours ici entièrement à vos ordres. En ce moment, je mène une vie presque de somnambule : je travaille d'arrache-pied et avec acharnement à *La Reina Calafia*.

Affectueux souvenirs de votre ami dévoué et admirateur de tout cœur,

Vicente Blasco Ibanez.

FIN

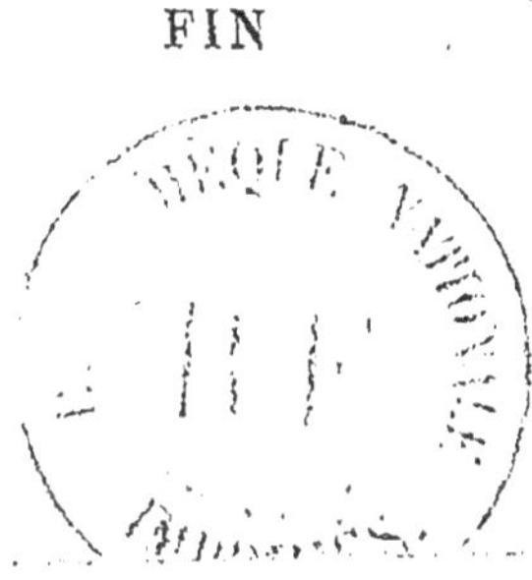

TABLE DES MATIÈRES

28501. — L. MARETHEUX, imp., 1, rue Cassette, Paris. — 1925.

Extrait du Catalogue de la BIBLIOTHÈQUE CHARPENTIER
EUGÈNE FASQUELLE, ÉDITEUR, 11, RUE DE GRENELLE

DERNIÈRES PUBLICATIONS

ANDRÉ BARRE
Au Pays de la Faim . . . . 1 vol.

ALBÉRIC CAHUET
Régine Romani . . . . 1 vol.

A. CHOLLIER ET H. LESBROS
La Vengeresse ou la nouvelle Bethsabée . . . . 1 vol.

GABRIEL FAURE
Ames et décors romanesques . . . . 1 vol.

LOUIS-JEAN FINOT
Le Héros voluptueux . . . . 1 vol.

ROSEMONDE GÉRARD
Les Pipeaux. *Ouvrage couronné par l'Académie française*. 1 vol.

JULES HOCHE
Florina, orpheline de guerre . . . . 1 vol.

JACQUES-CHARLES
Katiouchka, danseuse de music-hall . . . . 1 vol.

ADRIENNE LAUTÈRE
Le Corrupteur . . . . 1 vol.

GEORGES LECOMTE
Le Mort saisit le Vif . . . . 1 vol.

PAUL LÉON
Art et Artistes d'aujourd'hui . . . . 1 vol.

LES TROIS
L'Initiation de Reine Dermine . . . . 1 vol

MAURICE MAETERLINCK
Le Grand Secret . . . . 1 vol.

CATULLE MENDÈS
Choix de Poésies . . . . 1 vol.

JULES PERRIN
Quand l'Anglais régnait en France . . . . 1 vol.

GEORGES RIVOLLET
Les Trois Grâces . . . . 1 vol.

EDMOND ROSTAND
Le Cantique de l'Aile . . . . 1 vol.

JEAN ROSTAND
De la Vanité et de quelques autres sujets . . . . . 1 vol.

NICOLAS SEGUR
Conversations avec Anatole France . . . . 1 vol

MARCELLE VIOUX
Marie-du-Peuple . . . . 1 vol.

ÉMILE ZOLA
Poèmes Lyriques . . . . 1 vol.

28601. — L. MARETHEUX, imp., 1, rue Cassette, Paris. — 1925.